Harald Jes

Das Terrarium

Mit Fotos bekannter Tierfotografen
Zeichnungen: Johann Brandstetter

I N H A L T

TYPISCH TERRARIENTIERE

- **Lebende Fossilien mit spannendem Verhalten.**
- **Manche Echsen erinnern an die Saurier vergangener Zeiten.**
- **Lebensraum Wüste, Steppe oder tropischer Regenwald.**
- **Besondere Anpassungen an den jeweiligen Lebensraum.**
- **Häutung.**
- **Sie legen Eier oder gebären lebende Junge.**
- **Tag- oder nachtaktiv.**

Es gibt naturgemäß nur wenig Gemeinsames bei etwa 800 Arten Vogelspinnen, 6000 Arten Reptilien und 3000 Arten Amphibien, die in freier Natur in allen gemäßigten, subtropischen und tropischen Zonen rund um den Globus beheimatet sind.
Zum Beispiel die Körpertemperatur. Spinnentiere, Amphibien und Reptilien sind wechselwarme Tiere, bei denen die Temperatur des Blutes von der Umgebungstemperatur beeinflußt wird. Das spart enorm Energie! Da ihre gesamten Lebensabläufe von außen gesteuert werden, müssen wir bei Terrarientieren viel intensiver als bei Warmblütern beobachten, kontrollieren und regulieren.
Eine weitere Gemeinsamkeit: Vogelspinnen, Amphibien und Reptilien häuten sich regelmäßig. Rasch wachsenden Jungtieren wird die äußere Hülle schneller zu eng, weshalb sie häufiger aus der Haut fahren als ältere Tiere.

ENTSCHEIDUNGSHILFEN

1 Terrarientiere verlangen zwar keine Streicheleinheiten, wohl aber eine sachkundige Pflege.

2 Terrarientiere zeigen Ihnen kaum Zuneigung, entschädigen Sie als »lebende Fossilien« dafür aber mit ihren interessanten Verhaltensweisen.

3 Die meisten der angebotenen Tiere entstammen tropischen Zonen und benötigen eine spezifische Klimatisierung ihres Terrariums. Die Technik macht es möglich, hat aber ihren Preis.

4 Auch Terrarientiere können krank werden. Oft wird es dann notwendig, einen Tierarzt aufzusuchen - das kann teuer werden.

5 Da es nicht jedem liegt, lebende Beutetiere zu verfüttern, sollten Sie sich vor der Anschaffung über diese Notwendigkeit klar sein – oder sich für pflanzenfressende Arten entscheiden.

Wichtige Vorüberlegungen

Bevor Sie den Entschluß fassen, ein Terrarientier – oder gar mehrere – zu pflegen, sollten Sie sich darüber klar sein, daß Sie für Ihre Tiere möglicherweise eine langjährige Verantwortung übernehmen. Viele Vogelspinnen und Reptilien können recht alt werden.

Auch die Zeit für die regelmäßige Pflege Ihrer Tiere sollten Sie realistisch einschätzen. Terrarientiere brauchen zwar nicht zum Spaziergang ausgeführt zu werden – aber Ihre pflegerische Zuwendung braucht auch Zeit.

Wird »Ihre« Vogelspinne oder Schlange auch innerhalb der Familie akzeptiert? Sie sollten keinem Familienmitglied, das Angst vor Spinnen oder Schlangen hat, einen solchen Hausgenossen zumuten.

Durch Terrarientiere – außer Vogelspinnen (→ Bombardieren, Seite 55) – entstehen keine Haar- oder anderen Allergien beim Menschen, auch die Übertragung von Infektionskrankheiten ist nicht bekannt. Trotzdem ist Hygiene auch zum persönlichen Schutz notwendig.

ANSCHAFFUNG UND EINGEWÖHNUNG

Eine ganz besondere Faszination geht von den Terrarientieren wohl vor allem deshalb aus, weil sie so grundverschieden sind von den uns Menschen näherstehenden Säugetieren. Besonders die Echsen erinnern an die Saurier vergangener Zeiten, die immer noch unsere Phantasie beschäftigen.

Wissenswertes über die Herkunft

Amphibien und Reptilien: Aus der Zeit vor mehr als 350 Millionen Jahren stammt der früheste Skelettfund eines Schwanzlurches, die Funde der ersten Froschlurche sind 150 Millionen Jahre alt. Vor etwa 260 Millionen Jahren traten die ersten Reptilien auf, aus denen sich die als Dinosaurier bekannten Riesenformen entwickelten, die bereits vor 60 Millionen Jahren wieder ausstarben. Von diesen Urahnen haben sich nur Schildkröten, Panzer- und Brückenechsen nahezu unverändert erhalten. Die Ahnen der etwa 3000 Amphibien- und 6000 Reptilienarten entstanden vor 100 Millionen Jahren in der Kreidezeit. Ihre Nachkommen leben heute in den gemäßigten Klimazonen und besonders zahlreich in den Tropen.

Vogelspinnen: Im Bernstein aus dem mittleren Devon Nordamerikas fanden sich erste Hinweise auf fossile Verwandte der heutigen Vogelspinnen. Das bedeutet, daß deren Urahnen ebenfalls bereits vor fast 350 Millionen Jahren gelebt haben. Bis vor 2 Millionen Jahren kamen Vogelspinnen sogar in Deutschland vor. Heute leben etwa 800 Arten in den tropischen und subtropischen Regionen Asiens, Europas, Afrikas, Amerikas und Australiens. In Europa sind sie bis nach Spanien und Portugal vorgedrungen. Die größten europäischen Vogelspinnen hat man auf Zypern gefunden. Da sich Vogelspinnen in ihrer Entwicklungsgeschichte kaum verändert haben, werden sie – wie Schildkröten, Panzer- und Brückenechsen – zu Recht als lebende Fossilien bezeichnet.

Der Korallenfingerlaubfrosch ist eine große, gut zu haltende Amphibienart.

Wo Sie Terrarientiere bekommen

Im Interesse der Tiere ist es am sinnvollsten, wenn Sie gezielt nach inländischen Nachzuchten Ausschau halten. Sie erhalten Terrarientiere im Zoofachgeschäft, auf Reptilien- und Vogelspinnenbörsen oder von einem Terrarianer und Züchter. Auch in Fachzeitschriften und vereinsinternen Mitteilungsblättern werden häufig Nachzuchttiere angeboten (→ Adressen, Seite 62). Wenn Sie dabei merkwürdig anmutende Zahlenkombinationen wie zum Beispiel 1,3; 2,0; oder 0,1 lesen, dann bedeutet das: 1 Männchen, 3 Weibchen; 2 Männchen; 1 Weibchen. Links vom Komma stehen also die Männchen, rechts die Weibchen.

Augen auf beim Kauf

Wie überall sollte das Preis-Leistungs-Verhältnis stimmen. Nicht immer garantieren hohe Preise auch ausgezeichnete Terrarientiere. Lassen Sie sich bei der Wahl viel Zeit und achten Sie vor allem auf folgendes:

Der Ernährungszustand: Weder Rippen noch Rückenwirbel oder Beckenknochen sollten zu stark in Erscheinung treten. An Rumpf, Schwanz und Oberschenkeln darf die Haut nur leicht faltig sein.

Die Augen: Sie dürfen nicht zu tief in den Höhlen liegen, und gesunde Tiere sollten auf Störungen, beispielsweise Handbewegungen, mit Flucht oder Abwehr reagieren.

✔ Die Augen und Lider müssen sauber gehäutet sein. Alte, unter Umständen mehrere Häute auf den Augen können zur Erblindung führen.

✔ Schlangen mit weißen bis lichtblau getrübten Augen sind nicht krank, sondern befinden sich gerade in der Häutungsphase, in der jede Störung zu vermeiden ist.

Die Haut: Sie muß frei sein von Beulen, Pusteln und offenen, eitrigen Wunden, deren Ursache Stoffwechselstörungen, Hautmykosen und bakterielle Infektionen sein können.

✔ Häutungsreste bei Schlangen können ebenfalls auf diese Erkrankungen, allerdings auch nur auf mangelnde Feuchtigkeit zurückzuführen sein.

✔ Bei Echsen, besonders bei solchen mit Haftlamellen an den Zehen wie Geckos und Anolis, auf eine ordnungsgemäße Häutung der Zehen achten, denn durch Hautreste kommt es gelegentlich zu Abschnürungen.

Der Panzer: Nur bei ganz jungen Schildkröten darf der Panzer einem leichten Druck der Finger nachgeben, bei älteren muß er hart und fest sein.

Das Maul: Es muß geschlossen sein. Ruckartiges Öffnen und Sperren deutet, besonders wenn außerdem schmieriger Belag oder Schaum rund um Nase und Maulspalte erscheint, auf eine Erkältung hin. Schmierige Beläge im Maul dagegen weisen auf Kieferentzündungen, Störungen des Verdauungstraktes oder der Atemwege hin (→ Krankheiten, Seite 48).

Hinweis: Bei solchen Erscheinungen vom Kauf absehen. Und bedenken Sie, daß sehr wahrscheinlich auch die anderen Tiere in einem solchen Terrarium infiziert sind.

Außenparasiten: Kontrollieren Sie unbedingt alle Tiere eines Terrariums, denn wo eine Zecke oder eine Milbe ist, sind mit Sicherheit noch mehr. Geringer Befall ist nicht sonderlich problematisch, trotzdem besteht umgehend Handlungsbedarf (→ Krankheiten, Seite 48).

Neugierig klettert die Agakröte nach dem Transport ins vorbereitete Quarantäneterrarium.

Hinweis: Eine solche Behandlung sollten Sie im Quarantäneterrarium vornehmen.

Bißwunden, Narben, abgebrochene Schwänze: Frische beziehungsweise oberflächliche Verletzungen sind nicht gefährlich, stellen allerdings eine Wertminderung dar.

Vogelspinnen: Abzuraten ist von Spinnen, die am Körper einen weißlichen Pilz oder Beulen aufweisen, die ihre Gliedmaßen unter dem Körper zusammengezogen haben, oder die Anzeichen von Austrocknung zeigen – ihr Hinterleib ist faltig und deutlich kürzer als der Vorderleib. Fehlende Gliedmaßen sowie Verletzungen an Körper und Gliedern können ebenfalls bedenklich sein, während eine »Glatze« am Hinterleib völlig unbedenklich ist. Die Spinne hat sich lediglich durch »Bombardieren« (→ Seite 55) verteidigt und die Haare abgestreift – sie wird nach der nächsten Häutung in neuem Glanz erstrahlen.

Transport

Reptilien werden im allgemeinen in einem sauberen Leinenbeutel, Schildkröten oder größere Echsen zusätzlich in einem Karton (→ Zeichnung, Seite 50) transportiert.

Amphibien kommen in ein mit feuchtem Moos oder Schwamm gefülltes Plastikgefäß, aquatile Amphibien in einen mit Wasser gefüllten Plastikbeutel.

Vogelspinnen transportiert man sicher in einer handelsüblichen Heimchendose, die für eine mehrstündige Reise mit feuchtem Papier ausgelegt wird.

Kälteschutz: Kleine Verpackungen nehmen Sie bei kühlem Wetter unter die Jacke, größere Behältnisse werden in einem Styroporkarton transportiert. Bei weiten Wegen können Sie die Temperatur im Karton mit einer Wärmflasche oder mit Heatpacks aus dem Fachhandel stabilisieren.

TIP

Allein oder in Gesellschaft?

Während Vogelspinnen erklärte Einzelgänger sind, leben die meisten Amphibien und Reptilien gesellig. Alle genannten Arten eignen sich für eine Gruppenhaltung. In der Natur erhöht das gesellige Leben die Sicherheit. Mehrere Augen entdecken beispielsweise einen (Freß-)Feind schneller. Die Geselligkeit verlangt auch den Tieren im Terrarium Aktivitäten ab, die für ihr Wohlbefinden wichtig sind. Zahl und Größe der Pfleglinge sind beim Ermitteln des Raumes zu berücksichtigen. Allerdings kann nicht jeder Bestand beliebig erweitert werden, denn alteingesessene Terrarienbewohner können neuen das Leben schwermachen. Wollen Sie in einem Terrarium mehr als eine Art halten, nicht nur auf die Verträglichkeit achten, sondern vor allem auf die Herkunft aus gleichen Klimazonen.

Hinweis: Das Tier niemals in einem offenen Korb, in der Hand oder an der Leine transportieren. Abgesehen vom Auskühlen könnte es entweichen und arglosen Passanten einen lebensgefährlichen Schock versetzen.

Eingewöhnung

Bis das Tier parasitenfrei, gesund und futterfest ist, mindestens aber für acht Wochen, wird es zur Eingewöhnung zunächst in einem Quarantäneterrarium gehalten. Nur hier haben Sie die Möglichkeit Verhalten, Gesundheitszustand, Nahrungsaufnahme und Verdauung der Tiere zweifelsfrei zu beobachten (→ Vorsorge, Seite 48).

Stachelleguane sind tagaktive Reptilien und bewohnen trockenheiße Lebensräume.

Außerdem ist es nur in der Quarantäne möglich, gezielt Kotproben zu entnehmen, die für eine Beurteilung des Gesundheitszustandes wichtig sind.
Hinweis: Ausnahmen bilden im Wasser lebende Amphibien, wenn sie nicht in einen vorhandenen Bestand integriert werden sollen, oder Nachzuchttiere aus einem alten und parasitenfreien Bestand.

Das Quarantäneterrarium

Ein ausgedientes Aquarium, versehen mit einem drahtbespannten Deckel, läßt sich gut als Quarantäneterrarium nutzen. Da es sich nur um eine vorübergehende Unterbringung handelt, ist die Hälfte des in den jeweiligen Tierporträts vorgegebenen Platzbedarfs ausreichend (→ Tierporträts, ab Seite 34).

Hinweis: Beleuchtung und Heizung sind unbedingt notwendig, eine Seitenlüftung ist nur bedingt erforderlich.
Die Einrichtung kann spartanisch einfach, muß aber hygienisch, praktisch zu handhaben und zweckentsprechend sein.
Auf den Boden kommt eine Moltoprenmatte, 5 bis 10 mm dick, die leicht zu reinigen ist und bei entsprechender Befeuchtung auch für die nötige Luftfeuchtigkeit sorgt. Außerdem verstecken sich manche Tiere gerne darunter.
Hinweis: Für Bewohner trockenerer Lebensräume eignet sich auch Papier von der Küchenrolle als Unterlage.

Ein Trink- bzw. Badegefäß muß vorhanden sein. Dieses aber nie zu weit füllen, weil überschwappendes Wasser von der Unterlage nur bedingt aufgesaugt wird.
Klettermöglichkeiten für die Tiere bieten Gezweig, ein Ast oder aber hochkant gestellte Eierpaletten, die bei Verschmutzung entsorgt werden.
Deckungsmöglichkeiten können Sie durch Tonröhren, Borke oder die schon genannten Paletten schaffen.
Hinweis: Sollte der Neuankömmling besonders scheu und hektisch reagieren, ist das Abhängen mittels Papier oder Tuch anzuraten, welches nach einigen Tagen stückweise entfernt wird, um eine allmähliche Gewöhnung zu erreichen.

Pflege im Quarantäneterrarium

Hier sollte das Tier wirklich weitestgehend ungestört bleiben. Führen Sie deshalb nur die notwendigsten Maßnahmen durch wie:

✔ Wasser im Trink- und Badegefäß wechseln, Matte befeuchten.

✔ Entfernen von Kot, gegebenenfalls Papier oder Matte wechseln. Den Kot beurteilen, vor allem aber in Abständen zur Untersuchung senden (→ Krankheiten, Seite 48).

✔ Füttern. Eine erste Nahrungsaufnahme wird erst relativ spät erfolgen, und es braucht Sie zunächst nicht zu beunruhigen, wenn beispielsweise Schildkröten erst eine Woche, Insektenfressende Echsen zwei Wochen und Schlangen fünf und mehr Wochen nach dem Einzug wieder Nahrung zu sich nehmen.

✔ Beim Verabreichen der ersten Nahrung darf das Tier nicht erschreckt werden. Blattwerk und Früchte werden einfach hineingelegt, lebende Futtertiere eingesetzt.

✔ Das Tier nicht ständig vor die Nahrung setzen, es soll vielmehr in der Eingewöhnungszeit zur Ruhe kommen.

Checkliste
Beim Kauf beachten

1 **Schon vor dem Kauf gründlich informieren, um dann wirklich die geeigneten Tiere auswählen zu können.**

2 **Nicht zu Schnäppchen verleiten lassen, das kann aufgrund unzureichender Vorbereitung teuer werden.**

3 **Das Quarantäneterrarium vorbereiten, damit der Aufenthalt der Tiere im Transportbehältnis möglichst kurz ist.**

4 **Die Terrarien des Verkäufers sollen gepflegt, das Umfeld aufgeräumt sein. Ist die Anlage nicht überschaubar, könnten die Tiere mangelhaft versorgt sein.**

5 **Ein guter Verkäufer wird Sie ausführlich beraten. Stimmt sein Rat nicht mit den zuvor gesammelten Informationen überein, ist Skepsis angesagt.**

6 **Die Tiere müssen in gutem Zustand sein (→ Seite 10). Gesunde Tiere reagieren auf Störungen mit Flucht oder Abwehr, deshalb nur während der Aktivitätsphase aussuchen.**

Beliebte Terrarientiere

Ausgewählt wurden ausschließlich für die Pflege im Anfängerterrarium geeignete Amphibien, Reptilien und Vogelspinnen. Es sind Tiere mit interessantem Verhalten aus unterschiedlichen Lebensräumen vorgestellt – vor allem aber solche, die sich auch als relativ leicht nachzüchtbar erwiesen haben. Die Möglichkeit der Zucht im Terrarium ist dabei ebenso bedacht wie die Vermehrung auf Farmen in den Ursprungsländern, denn in menschlicher Obhut geborene Tiere müssen nicht den natürlichen Lebensräumen entnommen werden.

Schutzstatus: Als Besitzer eines artengeschützten Tieres (→ Tip, Seite 23) müssen Sie dessen rechtmäßigen Besitz nachweisen. Soweit eine CITES-Bescheinigung vorhanden ist, erfüllt dieses Dokument als »Quasi«-Personalausweis diese Voraussetzung. Wer beim Kauf keinen solchen Ausweis erhält, sollte sich in jedem Fall die rechtmäßige Abgabe durch den Verkäufer schriftlich bestätigen lassen.

Größe der Tiere: Genannt sind die durchschnittlichen Endmaße erwachsener Tiere. Die Kopf-Rumpf-Länge, von der Schnauzenspitze bis zur Kloake, ist wegen der erheblichen Schwanzlänge mancher Echsen von Bedeutung. Bei den Vogelspinnen ist die Körperlänge geschlechtsreifer Weibchen, die grundsätzlich größer werden als die männlichen Tiere, ohne Gliedmaßen angegeben.

Terrariengröße: Die in den Steckbriefen empfohlenen Terrarienmaße geben Breite x Tiefe x Höhe an (→ Tip, Seite 15).

Fütterungsempfehlungen: Die Angaben gelten für halbwüchsige und ausgewachsene Exemplare, Jungtiere sind häufiger zu füttern.

Axolotl

Ambystoma mexicanum (→ Foto, Seite 17)

Gesamtlänge: 25 cm.

Lebensraum: Mittelamerika, verkrautete Gewässer in höheren Lagen.

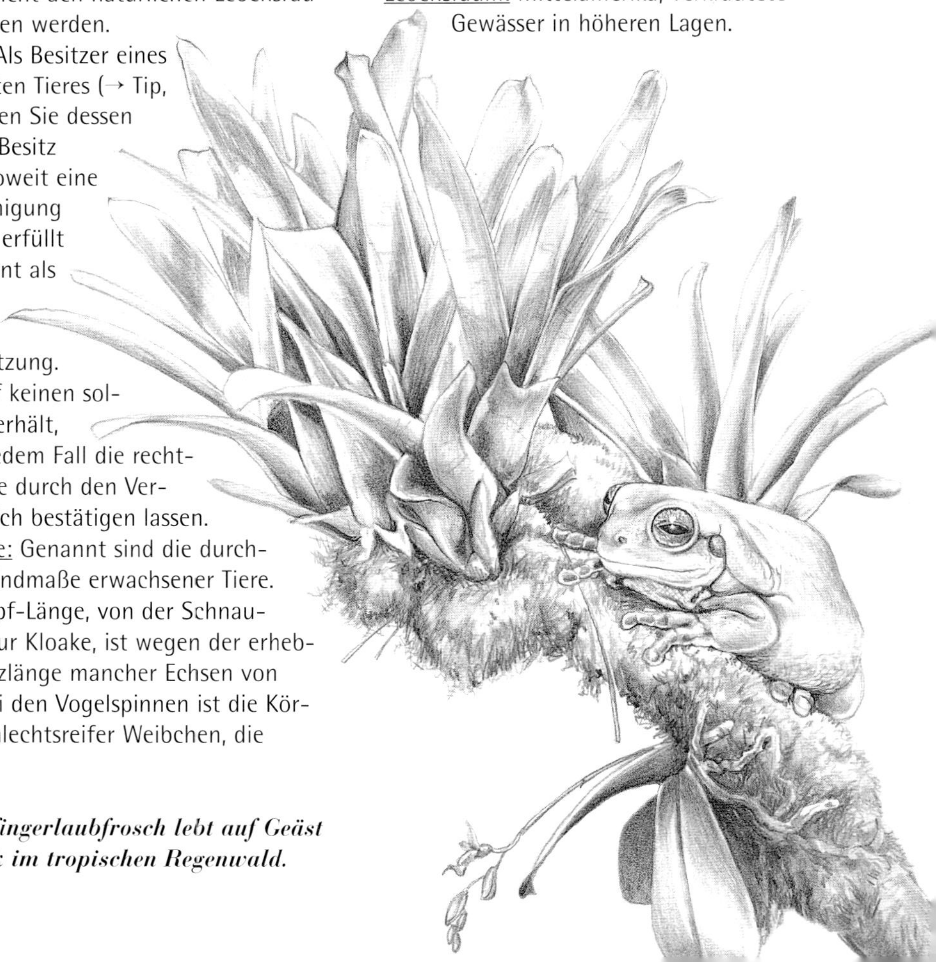

Der Korallenfingerlaubfrosch lebt auf Geäst und Blattwerk im tropischen Regenwald.

Verhalten: Tag- und dämmerungsaktiv.
Haltung: Aquaterrarium, auch ohne Landteil, 80 x 40 x 50 cm.
Dekoration: Moorkienholz, emerse und submerse Wasser- und Kletterpflanzen.
Temperatur: 18 bis 25 °C.
Nahrung: 3mal wöchentlich (Larven täglich), Wasserflöhe, Mückenlarven, Regenwürmer, zerkleinerter Fisch.
Ähnlich zu pflegen: **Krallenfrosch** *Xenopus laevis* (→ Seite 17), 11 cm, trop. Afrika.

Riesenlaubfrosch

Litoria infrafrenata (→ Foto, Seite 16)
Gesamtlänge: 8 cm.
Lebensraum: Neuguinea, Australien, tropischer Regenwald, in der Nähe von Gewässern.
Verhalten: Nacht- u. dämmerungsaktiv.
Haltung: Aquaterrarium 60 x 40 x 60 cm, etwa 2/3 Landteil, Wasserhöhe 10 bis 20 cm.
Dekoration: Geäst, Pflanzen mit großen und kräftigen Blättern.
Temperatur: Tags 25 bis 28 °C, nachts 20 bis 25 °C.
Luftfeuchtigkeit: 75 bis 95 %.
Nahrung: 2mal wöchentlich (Kaulquappen täglich), große Insekten, nestjunge Mäuse.
Besonderheit: Nicht mit kleinen Fröschen zusammen pflegen, Räuber!
Gleich zu pflegen: **Korallenfingerlaubfrosch** *Litoria caerulea* (→ Seite 8), 8 cm, Australien, Neuguinea.

Chinesische Rotbauchunke

Bombina orientalis (→ Foto, Seite 16)
Gesamtlänge: 5 cm.
Lebensraum: Ostasien, stark bewachsene Gewässer mit verkrauteten Ufern.
Verhalten: Tag- u. dämmerungsaktiv, lebt gesellig, flüchtet ins Wasser.

TIP

Terrariengröße

Die in den Steckbriefen aufgeführten Terrariengrößen entstanden in Anlehnung an Haltungsrichtlinien für Reptilien. Die genannten Größen gelten für die im Ratgeber angegebenen Körpermaße ausgewachsener Tiere, nicht jedoch für selten erreichte Höchstmaße.
Berechnungsgrundlage sind die Gesamtlänge von Amphibien und Schlangen, Kopf-Rumpf-Länge der Echsen, Panzerlänge der Schildkröten und die Körperlänge der Vogelspinnen. Die Maße gelten für jeweils zwei Exemplare. Für jedes weitere Tier sind mindestens 20 % des Rauminhalts hinzuzurechnen. Sind die Tiere nur halb so groß, dann halbieren sich die Maßangaben entsprechend. Die angegebenen Größen entstanden in Anlehnung an handelsübliche Terrarienabmessungen - größer schadet aber nie!

Haltung: Aquaterrarium 50 x 25 x 30 cm mit Insel, Wasserhöhe 10 cm.
Dekoration: Bemooste Steine oder Holz als Insel, emerse und submerse Wasser- und Kletterpflanzen.
Temperatur: Tags 20 bis 25 °C, nachts 18 bis 20 °C, im Winter bis 5 °C weniger.
Luftfeuchtigkeit: 70 bis 90 %.
Nahrung: 2mal wöchentlich (Kaulquappen täglich), Insekten, Wiesenplankton, kleine Regenwürmer, bei kühleren Temperaturen wird deutlich weniger gefressen.
Ähnliche zu pflegen: **Tigersalamander** *Ambystoma tigrinum* (→ Seite 17), 25 cm, Nordamerika.

IM PORTRÄT: AMPHIBIEN

Zu den Amphibien oder Lurchen zählen Schwanzlurche wie der Axolotl und Froschlurche wie die Agakröte. Sie haben 4 Finger, 5 Zehen, die Haut ist drüsenreich, feucht und trägt keine Hornschuppen.

Foto rechts: Riesenlaubfrösche lassen sich sehr gut zusammen mit Korallenfingerlaubfröschen halten.

Foto links: Die Chinesische Rotbauchunke hält sich viel im Wasser auf.

Foto oben: Typisch für die Agakröte sind ihre mächtigen Ohrdrüsen.

Foto links: Der Schmuckhornfrosch, ein gefräßiger Räuber.

Foto oben: Das Terrarium des gewichtigen Korallenfingerlaubfroschs benötigt stabile Pflanzen.

Foto oben: Der Krallenfrosch atmet zwar über Lungen, verläßt aber nie das Wasser.

Foto rechts: Tigersalamander halten sich gern auf feuchtem Untergrund auf.

Foto oben: Der Axolotl trägt auch nach der Metamorphose die äußeren Kiemen.

Foto unten: Die Berberkröte aus Nordafrika ist ein sehr lebhafter Froschlurch.

Agakröte

Bufo marinus (→ Foto, Seite 16)
Gesamtlänge:15 cm.
Lebensraum: In den Tropen weit verbreitet, tropischer Regenwald, Kulturlandschaften wie Zuckerrohrplantagen, lebt am Boden in Wassernähe.
Verhalten: Nacht- u. dämmerungsaktiv.
Haltung: Aquaterrarium 120 x 60 x 60 cm, etwa 2/3 Landteil, Wasserhöhe etwa 10 cm.
Dekoration: Epiphytenäste, Kletterpflanzen, die aber unerreichbar sein müssen, da sie sonst abgerissen werden.
Temperatur: 25 °C.
Luftfeuchtigkeit: 75 bis 95 %.
Nahrung: 1 bis 2mal wöchentlich (Kaulquappen täglich), Insekten, Regenwürmer, nestjunge Mäuse.
Besonderheit: Nur Tiere gleicher Größe vergesellschaften, Räuber!
Ähnlich zu pflegen: **Berberkröte** *Bufo mauretanicus* (→ Seite 17), 10 cm, Nordafrika, lebhafter Froschlurch. **Schmuckhornfrosch** *Ceratophrys ornata* (→ Seite 16), 10 cm, tropisches Südamerika, tagaktiv.

Spitzkopfschildkröte

Emydura albertisii (→ Foto, Seite 21)
Panzerlänge: 15 cm.
Lebensraum: Neuguinea, Gewässer, Uferränder.
Verhalten: Tagaktiv, lebt gesellig, sehr schwimmfreudig.
Haltung: Aquaterrarium 120 x 50 x 50 cm, mit besonnter Insel.
Dekoration: Insel, besser noch aus dem Wasser ragendes Holz, mit Sonnenplatz.
Wichtig: Von oben in das Terrarium rankende Pflanzen müssen für die Tiere unerreichbar bleiben, da Fluchtgefahr.
Temperatur: 25 °C, Sonnenplatz bis 35 °C, UV-Bestrahlung.
Luftfeuchtigkeit: 70 bis 90%.
Nahrung: 3mal wöchentlich, Wasserflöhe, Mückenlarven, Garnelen, zerkleinerter Fisch, Regenwürmer, auch vegetarische Nahrung.
Ähnlich zu pflegen: **Schlangenhalsschildkröte** *Chelodina novaeguineae* (→ Seite 21), 20 cm, Neuguinea.

Leopardgecko

Eublepharis macularius (→ Foto, Seite 20)
Gesamtlänge: 20 cm, Kopf-Rumpfl.: 12 cm.
Lebensraum: Kleinasien, nordwestliches Indien, Trockengebiete, sucht tags kühlere und feuchte Höhlen auf.
Verhalten: Nacht- u. dämmerungsaktiv, am Boden lebend.
Haltung: Wüstenterrarium 60 x 50 x 50 cm.
Dekoration: Steinaufbauten, Sand, Geröll mit feuchten Schlupfwinkeln, Trockengräser.
Temperatur: Tags 30 °C, nachts 20 °C, während der Ruhezeit von November bis Februar ständig etwa 20 °C.

Leopardgecko - ein Gecko ohne Haftlamellen an Fingern und Zehen.

Luftfeuchtigkeit: 50 bis 70 %.
Nahrung: 3mal wöchentlich, Insekten, nestjunge Mäuse.
Besonderheit: Trinkwasser wird von der Dekoration aufgeleckt, täglich 1mal sprühen.
Ähnlich zu pflegen: **Blauschwanzskink** *Mabuya quinquetaeniata* (→ Seite 40), 25 cm, Kopf-Rumpflänge 9 cm, Zentralafrika, Savanne, Dornbuschsteppe.

Stachelleguan

Sceloporus poinsetti (→ Foto, Seite 57)
Gesamtlänge: 26 cm, Kopf-Rumpfl.: 12 cm.
Lebensraum: Südwestl. Nordamerika, Gebirge bis 2500 m, trockenheiße Geröllhänge.
Verhalten: Tagaktiv, bodenbewohnend, gesellig lebend.
Haltung: Wüstenterrarium 80 x 50 x 50 cm.
Dekoration: Steinaufbauten, Kies, trockene Sträucher.
Temperatur: Tags punktuell bis 40 °C, die Tiere müssen aber in kühlere Zonen ausweichen können, nachts 15 °C, während Ruhezeit von November bis Februar ständig 15 bis 20 °C, Sonnenplätze, UV-Bestrahlung.
Luftfeuchtigkeit: 50 bis 70 %.
Nahrung: 3mal wöchentlich, Insekten, nestjunge Mäuse, auch Blätter und Blüten.

Besonderheit: Trinkwasser wird aufgeleckt, täglich 1mal sprühen, lebendgebärend.
Ähnlich zu pflegen: **Bartagame** *Pogona vitticeps*, (→ Seite 20), 50 cm, Kopf-Rumpfl. 22 cm, Australien, Buschsteppe, Savannenwald.

Streifenbasilisk

Basiliscus vittatus (→ Foto, Seite 20)
Gesamtlänge: 75 cm, Kopf-Rumpfl.: 20 cm.
Lebensraum: Mittelamerika, tropischer Regenwald, immer in der Nähe von Gewässern.
Verhalten: Tagaktiv, baumbewohnend, scheu und hektisch, gesellig lebend, badet gern.
Haltung: Regenwaldterrarium 120 x 60 x 80 cm.
Dekoration: Kletteräste, Stubben, Wasserbecken, hartlaubige Pflanzen.
Temperatur: Tags 25 bis 30 °C, nachts 20 bis 25 °C, Sonnenplätze, UV-Bestrahlung.

Der Blauschwanzskink kann mit dem Leopardgecko vergesellschaftet werden.

IM PORTRÄT: REPTILIEN

Zu den Reptilien oder Kriechtieren zählen Schildkröten, Echsen und Schlangen. Sie haben 5 Finger, 5 Zehen, sowie eine trockene Haut mit Hornschuppen oder Hornplatten.

Foto oben: Diese Bartagame erinnert lebhaft an ihre Saurier-Urahnen.

Foto links: Der Streifenbasilisk ist ein sehr geschickter Kletterer.

Foto oben: Alle Stachelleguane benötigen an ihrem Sonnenplatz eine hohe Temperatur.

Foto oben: Bartagamen leben im Wüstenklima und ruhen gern auf warmen Steinen.

Der Leopardgecko zeigt anschaulich wie er zu seinem Namen kommt.

Foto links: Zwei Tokeh - sie sind allerdings nicht immer so verträglich.

Foto oben: Eine junge Spitzkopfschildkröte ruht auf den Blättern einer Wasserpflanze.

Foto oben: Eine auffallend gefärbte Kornnatter, die bis zu 150 cm lang werden kann.

Foto oben: Diese Schlangenhalsschildkröte genießt augenscheinlich ihr Sonnenbad.

Foto links: Die Strumpfbandnatter lebt in Feuchtgebieten Nordamerikas.

Streifenbasilisk (Fortsetzung)
Luftfeuchtigkeit: 60 bis 90 %.
Nahrung: 3mal wöchentlich, Insekten, zerkleinerter Fisch, Regenwürmer, nestjunge Mäuse, gelegentlich vegetarische Nahrung.
Ähnlich zu pflegen: **Ritteranolis** *Anolis equestris* (→ Seite 24), 40 cm, Kopf-Rumpflänge 17 cm, Kuba, südöstl. Nordamerika.
Besonderheit: Haftlamellen, badet nicht.
Tokeh *Gekko gecko* (→ Seite 56), 35 cm, Kopf-Rumpfl. 18 cm, Südostasien, nachtaktiv.
Besonderheit: Spaltpupille, Haftlamellen, aggressiv, badet nicht.

Strumpfbandnatter

Thamnophis sirtalis (→ Foto, Seite 21)
Gesamtlänge: 100 cm.
Lebensraum: Nordamerika, Wald, Buschland, Feuchtgebiete, immer in der Nähe von Gewässern.
Verhalten: Friedlich, tagaktiv, badet gern, fängt Beute auch im Wasser, lebendgebärend.
Haltung: Aquaterrarium 125 x 75 x 50 cm, ca. 2/3 Landteil, Wasserhöhe 10 bis 20 cm.
Dekoration: Kletteräste, Stubben, emerse und submerse Wasser- und Kletterpflanzen.
Temperatur: Tags 18 bis 30 °C, nachts 18 °C, während Ruhezeit von November bis Februar 15 bis 18 °C.
Luftfeuchtigkeit: 70 bis 95 %.
Nahrung: 1mal wöchentlich, Fisch, Regenwürmer, nestjunge Mäuse.
Gleich zu pflegen: **Bändernatter** *Thamnophis sauritus*, 80 cm, östl. Nordamerika.

Kornnatter

Elaphe guttata (→ Seite 21)
Gesamtlänge: 120 cm.
Lebensraum: Nordamerika, Wald, Buschland, Kulturlandschaft.
Verhalten: Friedlich, tagaktiv, klettert gern.
Haltung: Waldterrarium 150 x 60 x 100 cm.
Dekoration: Kletteräste, Stubben, hartlaubige Pflanzen, Wasserbecken.
Temperatur: Tags 18 bis 30 °C , nachts 18 °C, während der Ruhezeit von November bis Februar 15 bis 18 °C.
Luftfeuchtigkeit: 60 bis 90 %.
Nahrung: 1mal wöchentlich, Mäuse.
Gleich zu pflegen: **Amurnatter** *Elaphe schrenckii*, 120 cm, Ostasien.

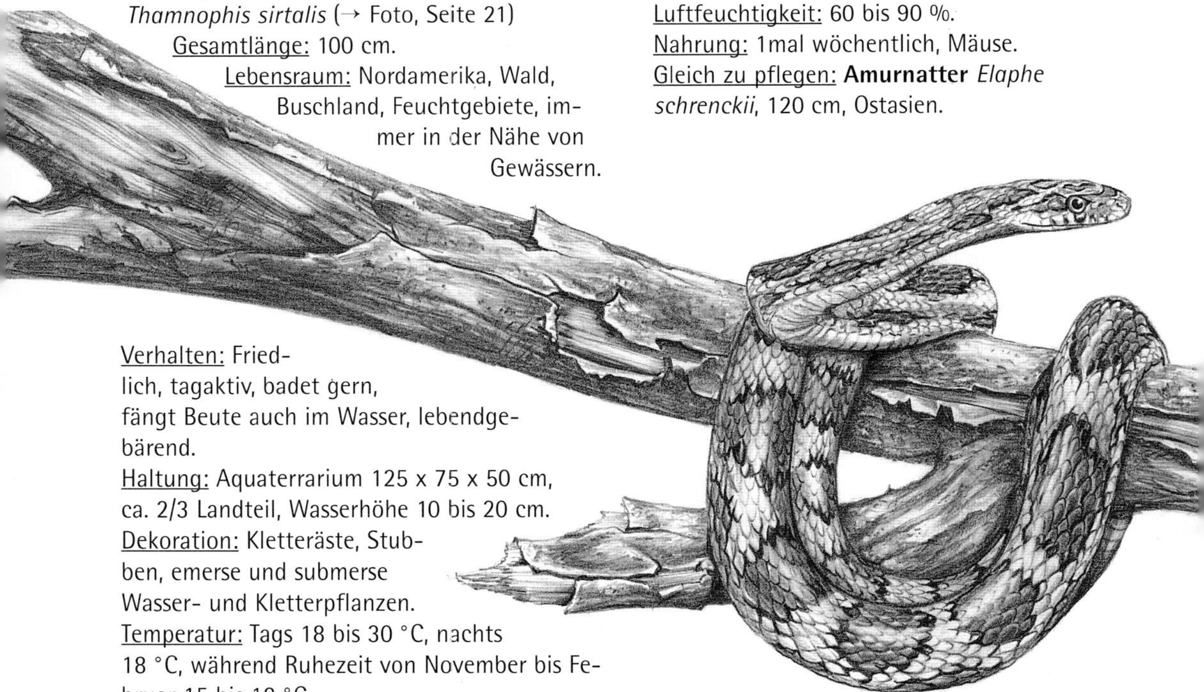

Die Heimat der Kornnatter ist Nordamerika, wo sie in Wäldern, Buschland und Kulturlandschaften lebt.

Vogelspinnen:

Brachypelma smithi (→ Foto, Seite 57)

Körperlänge: 7 cm.
Lebensraum: Mexico, Wüste und Halbwüste. Baut Röhren unter Steinen und in Hänge.
Verhalten: Friedlich, verteidigt sich durch bombardieren, häufig außerhalb des Unterschlupfes.
Haltung: Wüstenterrarium 30 x 30 x 30 cm.
Dekoration: Gestampfter Löß- oder Lehmboden, vor dem Unterschlupf feucht halten.
Temperatur: 22 bis 27 °C.
Luftfeuchtigkeit: 70 bis 100 %.
Nahrung: 1mal wöchentlich, Heimchen und Grillen.
Ähnlich zu pflegen: **Brachypelma boehmei**, Schutzstatus WA II, EG Anhang B.

Avicularia versicolor (→ Foto, Seite 37)

Körperlänge: 5 cm.
Lebensraum: Martinique, Regenwald, baut ausladende Gespinste ins Blattwerk.
Verhalten: Friedlich, flieht bei Beeinträchtigung, wandert erst bei Dunkelheit umher.
Haltung: Waldterrarium 30 x 30 x 40 cm.
Dekoration: Lauberde, gut befeuchten, ausreichend Geäst, gebogene Korkröhre als Unterschlupf.
Temperatur: 22 bis 27 °C.
Luftfeuchtigkeit: 70 bis 100 %.

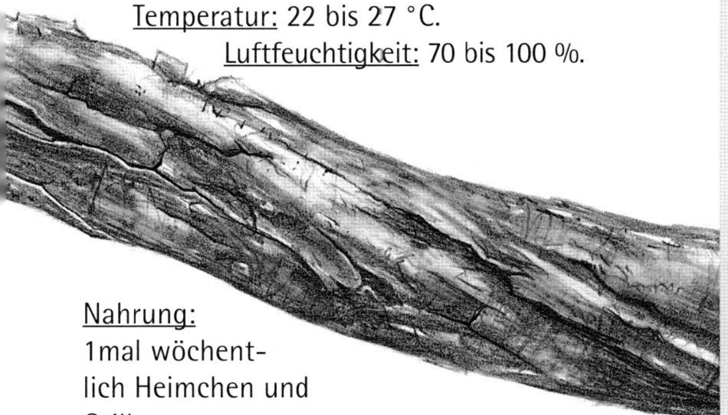

Nahrung: 1mal wöchentlich Heimchen und Grillen.
Ähnlich zu pflegen: **Avicularia avicularia.**

TIP

Artenschutzbestimmungen

Die Bestimmungen des Washingtoner Artenschutzübereinkommens (WA) und der europäischen und bundesdeutschen Artenschutzgesetzgebung regeln den Schutz unserer weltweit bedrohten Tier- und Pflanzenarten. Entsprechend dem Grad ihrer Schutzbedürftigkeit gibt es verschiedene Schutzkategorien. In den Porträts dieses Ratgebers sind nur Arten vorgestellt, die auch gepflegt, gezüchtet und weitergegeben werden dürfen. Bitte beachten Sie, daß sich die gesetzlichen Bestimmungen und die Schutzkategorien der einzelnen Arten ständig ändern, weil sie den Gegebenheiten in der Natur angepaßt werden. Beim Fachhandel, in Fachzeitschriften und bei den Naturschutzbehörden können Sie sich über den jeweils aktuellen Stand informieren.
Nachweispflicht: Als Besitzer eines artengeschützten Tieres müssen Sie den rechtmäßigen Besitz nachweisen. Lassen Sie sich in jedem Fall die rechtmäßige Abgabe des Tieres durch den Verkäufer bestätigen. Meldepflicht: Der Halter eines artengeschützten Tieres hat dessen Besitz unverzüglich der zuständigen Naturschutzbehörde – im Regelfall das Landratsamt oder das Regierungspräsidium – anzuzeigen. Sachkundenachweis: Auf Verlangen der Naturschutzbehörde hat der Tierhalter den Sachkundenachweis zu erbringen. Dieser enthält drei Elemente: Kenntnisse über die Haltung und Pflege der Tiere, Gewähr für ausreichende tierschutzrechtliche Einrichtungen und die persönliche Zuverlässigkeit des Halters.

AUSSTATTUNG UND TERRARIENTECHNIK

Für viele bildet ihr Terrarium erst eine Einheit, wenn Tiere und Pflanzen dem gleichen natürlichen Lebensraum entstammen. Vorausgesetzt Sie beachten einige grundsätzliche Regeln, können Sie Ihrer Phantasie bei der Ausstattung freien Lauf lassen.

Grundsätzlich kann ein Terrarium überall aufgestellt werden, denn mit entsprechender Technik (→ Seite 28) lassen sich im Wohnraum genauso wie im Keller oder Wintergarten die notwendigen Voraussetzungen schaffen. Vom Selbstbau rate ich ab, mittlerweile hält der gutsortierte Zoofachhandel fertige Terrarien für alle benötigten Zwecke in entsprechender Auswahl und Qualität bereit. Im übrigen müssen Terrarien nicht immer rechtwinklig sein, auch Eckbehälter oder Becken mit gebogenen Scheiben werden angeboten.

Größe

Es gibt kein allgemein verbindliches Standardmaß für die Größe eines Terrariums, der jeweilige Raumbedarf wird von der Größe und dem Verhalten der Tiere bestimmt (→ Tierporträts, ab Seite 14). Bei dem im Fachhandel am häufigsten angebotenen Terrarium beträgt das Verhältnis Breite zu Tiefe zu Höhe etwa 2:1:1, also beispielsweise 80 x 40 x 40 cm. Vogelspinnenterrarien sollten eine Grundfläche von 30 x 50 cm nicht überschreiten, die Höhe hängt von der Lebensweise der jeweiligen Bewohner ab.

Terrarium für Kletterer: Bei baumbewohnenden und an Felsen kletternden Tieren empfiehlt es sich, die Höhe stärker zu nutzen und das Verhältnis auf 1:1:2 zu verändern.

Terrarium für Bodenbewohner: Für reine Bodenbewohner eignet sich ein flächiges Terrarium mit den Ausmaßen 2:2:1 am besten.

Terrarium für Wasserbewohner: Bei wasserbewohnenden Arten bietet sich ein Aquarium im Verhältnis 2:1:1 an.

Glas oder Kunststoff?

Vorzuziehen sind mit Silikon verklebte Ganzglasterrarien. Die vielfach auch angebotenen Kunststoffterrarien mit geschlitztem Deckel sind dagegen allenfalls zur kurzfristigen Unterbringung geeignet. Umgerüstet mit einem drahtbespannten Deckel, damit Licht-, Wärme- und UV- Strahlen in den Behälter gelangen, können Sie sie als Aufzucht- und Quarantäneterrarium einsetzen (→ Quarantäne, Seite 12).

Luftzirkulation

Da nirgendwo eine so geringe Luftbewegung herrscht wie in einem allseitig umbauten Raum,

Der Ritteranolis hat Haftlamellen und lebt auf Bäumen im tropischen Regenwald.

müssen Sie im Terrarium für ausreichende Luftbewegung sorgen. Zur Be- und Entlüftung soll jeweils vorn oder seitlich im unteren Drittel sowie im Deckel eine Fläche von mindestens 10 % perforiert sein. Sobald Heizquellen die Luft im Terrarium erwärmen, kommt sie in Bewegung, steigt auf und zieht kühlere nach.

Welcher Terrarientyp ist der richtige?

Bei Terrarientieren haben wir aufgrund ihrer geringen Anpassungsfähigkeit (→ Körpertemperatur, Seite 53) ganz besonders auf die richtige Klimatisierung und Gestaltung des Lebensraumes zu achten. Je mehr naturnahe Lebensbedingungen Sie schaffen, desto eher entspricht dies einer tiergerechten Haltung.

Hinweis: Zwischen den im folgenden beschriebenen Terrarientypen gibt es fließende Grenzen und vielfältige Übergänge.

Das Regenwaldterrarium

Die schönsten Kleinlandschaften lassen sich in einem Terrarium dieser Art gestalten, wenn es wenigstens 80 x 40 x 40 cm groß ist.

Pflanzen: Sie können am Boden wachsen, vor allem aber als Epiphyten an den Wänden und im Geäst aufsitzen (→ Zeichnung, Seite 34). Bei der Auswahl Gewicht und Größe der Tiere berücksichtigen (→ Tierporträts, ab Seite 14), da nicht jedes »ertragen« wird.

Sonnenplätze: Für sonnenbadende Reptilien pflanzenfreie Sonneninseln einplanen, die mit handelsüblichen Spotstrahlern (→ Seite 29) beheizt werden.

Pflanzwand: Durch eine Pflanzwand läßt sich der nutzbare Raum erheblich vergrößern, da die Tiere die entsprechend strukturierten Rück- und Seitenwände ebenfalls bewohnen können (→ PRAXIS Einrichten, Seite 34/35).

Das Wüstenterrarium

Der für ein Wüstenterrarium typische karge Lebensraum ist schwieriger ansprechend darzustellen. Doch auch mit Steinen, Holz, Sand und Trockenpflanzen können Sie reizvolle Landschaftsausschnitte gestalten.

Gestein: Schauen Sie sich draußen um. Von der Natur können Sie lernen, wie Gesteinsformationen »gewachsen« sind. Bei geschickter Gestaltung entstehen an Rück- und Seitenwänden zusätzliche Verstecke und Laufflächen.

Hinweis: Auf keinen Fall die Frischluftzufuhr unterbrechen!

Bepflanzung: Auch das Trockenterrarium können Sie bepflanzen, allerdings nur, wenn Sie die Pflanzen mit Wasser versorgen können, ohne gleichzeitig den ganzen Boden zu durchfeuchten. Praktikabler ist die Dekoration mit Trockenpflanzen wie Gräsern oder Ginster. Hier können Sie Ihrer Phantasie freien Lauf lassen.

Tiere aus heißen Lebensräumen brauchen extrabeheizte Sonnenplätze, aber auch viel Rückzugsmöglichkeiten.

Das Aquaterrarium

Obwohl – oder gerade weil – Wasser hier das bestimmende Element ist, kann dieser Terrarientyp sehr variabel gestaltet werden.

Aquaterrarium für Wasserbewohner: Es ist ein Aquarium mit emers und submers (→ Pflanzenauswahl, Seite 30) wachsenden Wasserpflanzen. Wird das Becken nur so weit gefüllt, daß ein Rand von 10 bis 20 cm entsteht, können Sie darüber Epiphyten ansiedeln und Kletterpflanzen mit Wasserwurzeln einsetzen (→ Tabelle, Seite 31), die den Rand und, mit einer Rankhilfe, auch den Hintergrund begrünen.

Aquaterrarium mit Trockenplätzen: Einen deutlich niedrigeren Wasserspiegel benötigt das Aquaterrarium für Tiere, die nicht ausschließlich im Wasser leben. Sie benötigen Ruheplätze außerhalb des feuchten Elements, um zeitweilig unter einem Spotstrahler abzutrocknen. Das können inselartige Aufbauten im Wasser sein, ein aus dem Wasser ragendes Moorkienholz oder ein über der Wasserfläche befestigtes Bord aus perforiertem Kunststoff. Ist der über dem Wasser verbleibende Raum genügend hoch, kann ein Epiphytenast eingebracht werden.

Aquaterrarium mit feuchter Insel: In einem Becken mit 10 bis 20 cm hohem Wasserstand kann eine nur wenig höhere Insel aus flächigen Schiefer- oder Sandsteinplatten geschaffen werden, auf die eine Lage Moos mit Wasserkontakt kommt. Den Kontakt zum Wasser benötigen auch Kletterpflanzen mit Wasserwurzeln, die aus dem Wasser heraus Rankhilfen wie Xaxim an den Wänden (→ PRAXIS Einrichten, Seite 34/35) und Moorkienwurzeln bewachsen.

Aquaterrarium mit Landzonen: Wasserstand von 10 bis 20 cm, aber nur auf etwa einem Drittel der Grundfläche. Pflanzen im Wasser, rankende Boden- und Kletterpflanzen auf dem Landteil und Epiphyten auf dem Geäst strukturieren ein solches Aquaterrarium.

Erhalten der Wasserqualität: Je größer die Wassermenge, desto aufwendiger der Wasserwechsel. Daher empfiehlt sich ab einem Wasservolumen von 50 Litern die Installation eines Filters. Für die Intervalle des trotzdem erforderlichen Wasserwechsels (→ PRAXIS Pflege, Seite 38/39) gibt es allerdings keine Regel, hier müssen Sie Erfahrungen sammeln.

Auf einem Wurzelstubben ruhende Wasserschildkröte in typischem Lebensraum.

Terrarientechnik

Da Ihre Pfleglinge fast ausschließlich aus tropischen oder subtropischen Zonen stammen, müssen Sie Ihr Terrarium mit Hilfe der Technik klimatisieren. Alle hierfür benötigten technischen Geräte werden im Zoofachhandel angeboten.

Hinweis: Bei elektrischen Geräten sind die Gefahren zu beachten, die sich im besonderen aus dem Umgang mit Elektrizität und Wasser ergeben (→ Wichtige Hinweise, Seite 63).

Beheizung

✔ Als lichtspendende Wärmequellen für tagaktive Tiere eignen sich Spotstrahler.

✔ Für dämmerungs- und nachtaktive Tiere sowie Arten aus schattigen Lebensräumen sind die im Handel als Elsteinstrahler angebotenen Dunkelstrahler besser geeignet.

Hinweis: Ist es nicht möglich die Lampen außerhalb anzubringen, müssen sie mit einem Schutzkorb aus Draht versehen werden, um die Tiere vor Verbrennungen zu schützen.

Bodenheizung: Eine zusätzliche Bodenheizung auf höchstens einem Drittel der Fläche kann erforderlich sein, wenn

✔ der Standort des Terrariums nach Abschalten der Strahlerwärme eine nächtliche Mindesttemperatur nicht gewährleistet;

✔ in einem unbepflanzten Terrarium durch Verdunstung eine höhere Luftfeuchtigkeit erzielt werden soll;

✔ der Boden einer Sonneninsel zusätzlich beheizt werden soll.

Bodenheizungen werden als Wärmesteine, Heizkabel oder Heizmatten mit geringer Oberflächentemperatur angeboten. Bodenkabel oder -matten mit einem Drahtgeflecht aus Chromstahl (Maschenweite 5 bis 10 mm) abdecken, damit grabende Tiere sie nicht beschädigen.

Wasserheizung: Durch Montage in einem perforierten Tonrohr oder Hohlstein werden Aquarienstabheizer (50 bis 300 Watt) fixiert und gegen Bisse und scharfe Krallen geschützt.

Temperatur und Luftfeuchtigkeit

Schwankungen zwischen Tag- und Nachttemperatur von 15 °C sind in tropischen Gebieten keine Seltenheit. Auch die Luftfeuchtigkeit kann durch Niederschläge und Temperaturwechsel erheblich schwanken. Notwendig sind deshalb Kontroll- und Steuergeräte zur Klimatisierung des Terrariums. Nächtliche Abkühlungen um 5 bis 10 °C sowie Temperaturabsenkungen während der Wintermonate können Vitalität und Lebenserwartung der Tiere im Terrarium merklich steigern.

Schaltuhren: Zur Steuerung des Tag-Nacht-Rhythmus eine handelsübliche Zeitschaltuhr einsetzen, die nachts Licht und Heizung abschaltet.

Thermometer: Zur Überwachung der Temperaturen dienen einfache Raum- bzw. Digitalthermometer, optimal ist ein Minimum-Maximum-Thermometer.

Bartagamen werden bis zu 50 cm lang und sind in Australien zu Hause.

Thermostat: Vom einfachen Bimetallgerät bis zur elektronischen Steueranlage mit Digitalanzeige werden vielerlei Geräte angeboten, die die Temperatur regeln. Überprüfen Sie die Funktionsfähigkeit durch gelegentliche Temperaturvergleiche.
Hygrometer: Wichtig ist die gelegentliche Aktivierung der Haarsaiten in diesem Meßinstrument für die Luftfeuchtigkeit. Stete Kontrolle ist gerade anfangs erforderlich.
Feuchtigkeit regulieren: Durch Gießen der Pflanzen und Befeuchten des gegebenenfalls schwach beheizten Bodens läßt sich die Luftfeuchtigkeit beeinflussen.

Beleuchtung

Licht ist eine der Grundlagen des Lebens. Werden tagaktive Tiere aus tropischen oder subtropischen Gebieten gepflegt, benötigen wir besonders viel Licht im Terrarium.
Leuchtstofflampen sind ideal für alle Terrarien bis zu einer Höhe von 70 cm. Sie sind preiswert, sparsam im Verbrauch und werden vom Zoofachhandel für alle benötigten Zwecke angeboten. Achten Sie auf eine gute Farbwiedergabe.
Spotstrahler eignen sich als wärmende Lichtquelle, besonders um sogenannte Sonneninseln zu schaffen. Als alleinige Licht- und Wärmequelle kommen sie nur in extrem warmen und trockenen Wüstenterrarien zum Einsatz. Die Preßglasvariante ist widerstandsfähiger gegen Spritzwasser.
Quecksilberdampf- und Metallhalogendampflampen strahlen außerordentlich hell. Ihre Wärmestrahlung ist so groß, daß sie nur für mindestens 1 m^3 große Terrarien (Abstand Lampe / Tier ca. 1 m) zu empfehlen sind.
UV-Strahler wirken anregend auf viele biologische Abläufe. UV-B-Strahlen sind wichtig für die Steuerung des Kalziumstoffwechsels, UV-A-Strahlen für die Pigmentbildung der Haut, UV-C-Licht wiederum reduziert die Keimzahl im Aquaterrarium. Das ultraviolette Licht scheint allerdings für Amphibien sowie für nacht- und dämmerungsaktive Reptilien nicht oder nur in verschwindend geringem Maße bedeutungsvoll.

Ein Tigersalamander findet auch noch auf veralgten Steinen Halt.

Filterung

In einem Aquaterrarium ab 50 l Wasservolumen empfiehlt es sich, das Wasser zu filtern. Motorfilter in unterschiedlichen Größen und Leistungsstufen werden im Zoofachhandel angeboten. Die Filterung macht allerdings nicht den regelmäßigen Wasserwechsel überflüssig (→ PRAXIS Pflege, Seite 38/39).

Pflanzen und Dekoration

Der Aufenthalt in lebendigem Grün erhöht das Wohlbefinden der Terrarientiere – ob sie nun Klettergelegenheiten suchen oder die Geborgenheit in sicherer Deckung.

Die richtige Pflanzenauswahl

Erst wenn geklärt ist, daß die zur Wahl stehenden Tiere sich nicht vegetarisch ernähren und nicht zu schwer sind, kann überhaupt an Pflanzen gedacht werden. Weichlaubige, hellgrüne und Arten mit bunten Blättern sind empfindlicher als hartlaubige, dunkelgrüne. Für unsere Zwecke kommen nur vergleichsweise wenige Pflanzen in Frage, die in Bodenpflanzen, rasenbildende Bodenpflanzen, Kletterpflanzen, Epiphyten sowie untergetauchte (submerse) und über den Wasserspiegel hinauswachsende (emerse) Wasserpflanzen unterteilt werden.

Bodensubstrat

Die Feuchtigkeit im Terrarium hängt entscheidend vom Bodensubstrat ab. Sand nimmt nur vergleichsweise wenig Wasser auf, Laub- und Nadelerde speichern viel Wasser, das bei Erwärmung gleichmäßig verdunstet.

✔ Flußsand in unterschiedlichen Korngrößen ist für Wüstenterrarien und den Wasserteil eines Aquaterrariums gleich gut geeignet.

✔ Fallaub bietet den Tieren nicht nur Schutz, sie beschäftigen sich auch natürlich, indem sie nach lebenden Futtertieren suchen.

✔ Auf feuchtem, aber nicht nassem Torfmoos fühlen sich vor allem Amphibien wohl.

Dekoratives Gestein

✔ Granite sind oft interessant gefärbt, aber sehr hart und daher schwer zu bearbeiten.

✔ Sandsteine und Schiefer lassen sich ausgesprochen gut bearbeiten und sind in vielerlei Formen und Farben verfügbar.

✔ Lava ist sehr porös, daher relativ einfach und gut zu bearbeiten, verschmutzt aber auch leicht und tiefgründig.

✔ Kalkgestein härtet das Wasser auf und ist für Aquaterrarien ungeeignet.

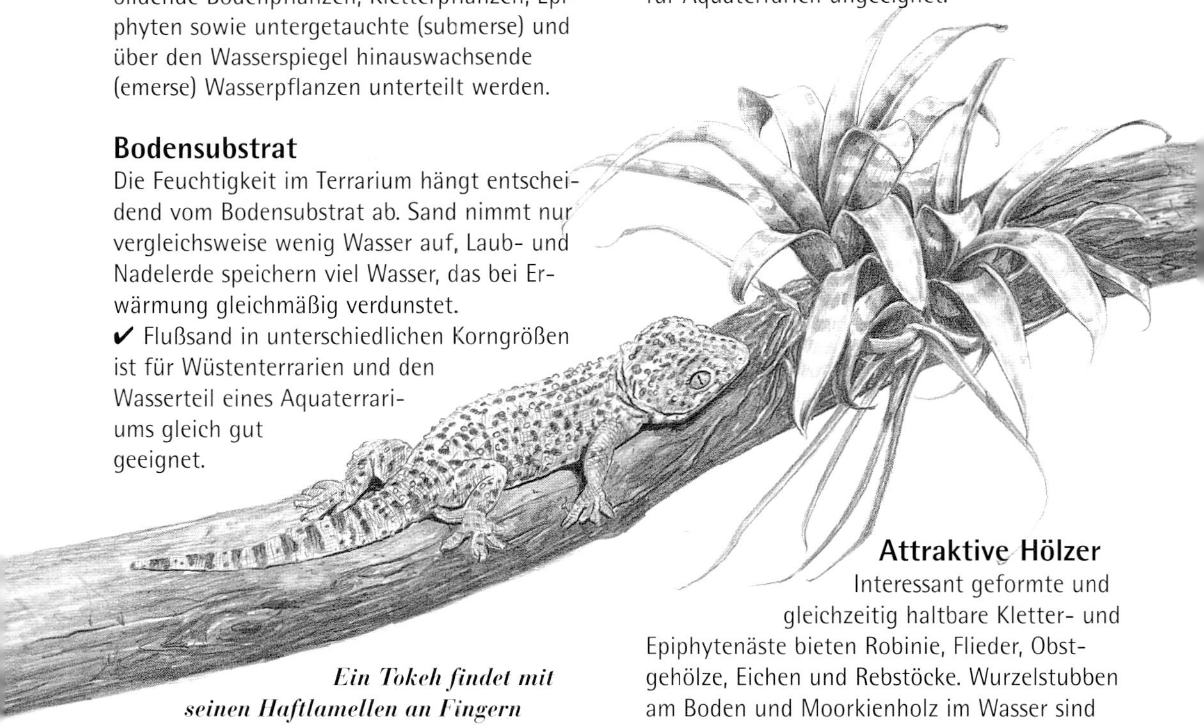

Ein Tokeh findet mit seinen Haftlamellen an Fingern und Zehen überall Halt.

Attraktive Hölzer

Interessant geformte und gleichzeitig haltbare Kletter- und Epiphytenäste bieten Robinie, Flieder, Obstgehölze, Eichen und Rebstöcke. Wurzelstubben am Boden und Moorkienholz im Wasser sind dekorativ und geben den Tieren Deckung.

Pflegeleichte Pflanzen fürs Terrarium (☆☆☆ = sehr viel Licht; ☆☆ = viel Licht; ☆= weniger Licht)

Name	Standort	Licht	Höhe	Bemerkungen
Lanzenrosette *Aechmea*	feucht halbfeucht	☆☆☆	40 cm	Epiphyt, hart, nur für größere Terrarien
Billbergie *Billbergia*	feucht halbfeucht	☆☆☆	30 cm	Epiphyt, hart
Erdstern *Cryptanthus*	feucht	☆☆	5 bis 10 cm	Epiphyt, Staunässe vermeiden, nicht für große und heftige Reptilien
Baumfreund *Philodendron*	halbfeucht	☆	Blätter 5 bis 50 cm Ø	Kletterpflanze, Luft- u. Wasserwurzeln, kleine Arten einfach zu vermehren
Birkenfeige *Ficus benjamina*	feucht halbfeucht	☆☆☆	bis 500 cm	Bodenpflanze, baumartig, für größere Terrarien, kleinwüchs. Formen wählen
Echeverie *Echeveria*	trocken	☆☆☆	bis 15 cm	Bodenpflanze, Sukkulente, vorsichtig gießen, leicht faulend
Efeutute *Epiprem-num pinnatum*	feucht	☆	Blätter bis 30 cm Ø	Kletterpflanze, meist kleiner, Luft- u. Wasserwurzeln, einfach zu vermehren
Feigenkaktus *Opuntia*	trocken	☆☆☆	bis 200 cm	Bodenpflanze, Sukkulente, kleine Arten geeignet
Javamoos *Versicu-laria dubyana*	Wasser	☆	Blätter 3 mm Ø	submers, haftet an Holz, Steinen
Kolbenfaden *Aglaonema*	feucht	☆	bis 50 cm	Bodenpflanze, krautig, kleine Arten geeignet, einfach zu vermehren
Marantagewächse *Maranta/Calathea*	feucht	☆	15 bis 50 cm	Bodenpflanze, krautig, keine Staunässe
Muschelblume *Pistia stratiotes*	Wasser	☆☆☆	Pflanze bis 15 cm Ø	Schwimmpflanze, Wasserstand mind. 10 cm, verträgt kein Kondenswasser
Scheidenblatt *Spathiphyllum*	feucht	☆☆	20 bis 50 cm	Bodenpflanze, krautig, willig blühend
Tradeskantie *Tradescantia*	feucht halbfeucht	☆☆	Blätter bis 5 cm Ø	Rasenbildende Bodenpflanze, klet-ternd, nicht für große Reptilien
Warzenkaktus *Mammillaria*	trocken	☆☆☆	bis 20 cm	Bodenpflanze, Sukkulente, nur kleinere Arten geeignet
Wolfsmilch *Euphorbia*	trocken	☆☆☆	bis 200 cm	Bodenpflanze, Sukkulente, kleine Arten geeignet

IM PORTRÄT: TERRARIENPFLANZEN

Für jeden Lebensraum gibt es eine Auswahl typischer Pflanzen, mit denen Sie Ihren Terrarientieren eine natürliche Umgebung schaffen und gleichzeitig im Terrarium dekorative Akzente setzen können.

Foto oben: Tradeskantie (Tradescantia), Südamerika.

Foto links: Wolfsmilch (Euphorbia), Afrika.

Fotos oben (von links nach rechts): Birkenfeige (Ficus), Südostasien. Korbmarante (Calathea), Mittel- und Südamerika. Marante (Maranta), Mittel- und Südamerika.

Kolbenfaden (Aglaonema), Südostasien.

Foto links: Muschelblume (Pistia stratiotes), tropische Zonen weltweit.

Foto oben: Echeverie (Echeveria), Mittelamerika.

Foto rechts: Ananasgewächs (Neoregelia), Mittel und Südamerika.

Foto oben: Feigenkaktus (Opuntia), Mittelamerika.

Foto links: Blühender Warzenkaktus (Mammillaria), Mittel- und Südamerika.

Echeverie (Echeveria), Mittelamerika.

Bei der Gestaltung eines Terrariums sind Ihrer Phantasie fast keine Grenzen gesetzt, wenn Sie einige grundsätzliche Regeln beachten:

✔ Bei aller Naturnähe darf die Übersicht nicht verlorengehen. Exkremente und Futterreste müssen problemlos entfernt werden können.

✔ Steinaufbauten – Kulisse, Höhle, Sonneninsel – auf dem Behälterboden mit Silikon fest und unverrückbar montieren. In Bewegung geratene Steine können Scheiben zertrümmern und Pfleglinge verletzen.

✔ Sich kreuzende Äste, nicht sauber angepaßte Schnittflächen, gesplitterte Stämme und offene Drahtschlingen können zu Verletzungen führen.

✔ Alle technischen Einrichtungen versteckt und trotzdem gut erreichbar anbringen. Kontroll- und Regelgeräte vor allem gut ablesbar.

✔ Auf keinen Fall Lüftungsgitter verbauen.

Pflanzwand aufbauen

Geflecht aus Kunststoff oder Chromstahl, Maschenweite 5 bis 15 mm, auf einen Rahmen montieren, den Sie mit Silikon an der Seiten- oder Rückwand festkleben. Die Zwischenräume mit einem Erde/Moos- oder Erde/Torfmoosgemisch auffüllen.

Pflanzen einsetzen: Stecklinge von Kletterpflanzen direkt in die Wand stecken, nicht oder noch nicht bewurzelte Ranken mit Draht- oder Kunststoffklammern befestigen. So anordnen, daß ausreichend Licht in den unteren Bereich fällt.

Substrat für Kletterpflanzen: Hervorragende Eigenschaften als Substrat für Kletterpflanzen bietet Xaxim. Das aus Baumfarnen bestehende Material wird trocken mittels Silikon an die Behälterwände geklebt. Regelmäßig feucht gehalten, ist es die ideale Rankhilfe.

Gebogene Rindenstücke eignen sich ganz besonders gut als Verstecke.

Verstecke schaffen

Gute Versteckmöglichkeiten finden die Tiere in hohlen Stammteilen. An einer Seite plan geschnitten und mit der Schnittfläche an der Frontscheibe plaziert, lassen sich die Vorgänge darin sehr gut beobachten. Bei Anzeichen von Aggressionen die Höhle so weit von der Scheibe abrücken, daß verfolgten Tieren immer eine Fluchtmöglichkeit bleibt.

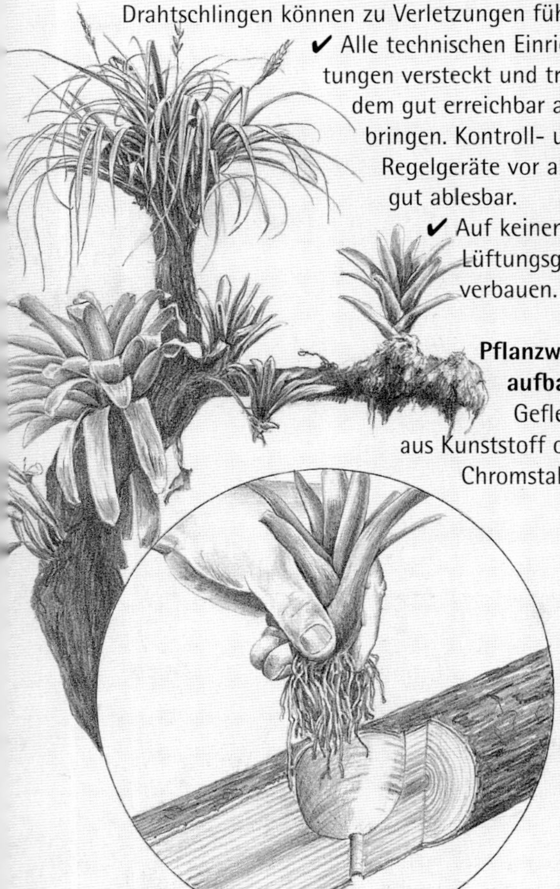

Epiphytenäste mit Abtropfbohrung versehen, so entsteht keine Staunässe.

Zwischen Wasser- und Landteil muß eine klare Trennung sein.

Wasserbecken anlegen

✔ Ein separates Wasserbecken auf die Drainageschicht stellen, da gelegentliches Überschwappen nicht auszuschließen ist.

✔ Im Aquaterrarium mit Landzone eine klare Trennung zwischen Wasser und Land schaffen, indem eine entsprechend hohe, mit Silikon verfugte Glasscheibe dazwischengesetzt wird.

✔ Trinkwassergefäße nicht auf das Bodensubstrat stellen, sondern darin einlassen.

Epiphyten pflanzen

Epiphyten oder »Aufsitzer« lassen sich in Astgabeln, Astlöcher oder auf Hölzer pflanzen:

✔ Am besten wählen Sie hierfür die harten, feuchtigkeitsbeständigen Äste von Obstbäumen, Flieder oder Robinie.

✔ In größere Äste können Sie Pflanzmulden einhacken. An kleineren Ästen die Aufsitzerpflanzen mit Draht oder Angelsehne festbinden. In Astlöcher einfach eindrücken.

✔ Die Topfballen von der lockeren, nicht durchwurzelten Erde befreien, in Moos oder ein anderes wasserdurchlässiges Pflanzsubstrat einpacken, gut anfeuchten und entweder festbinden oder eindrücken.

✔ Regelmäßig feucht halten. Das Gießwasser muß aber gut ablaufen können, da Epiphyten keine Staunässe vertragen.

Boden bepflanzen

✔ 3 bis 5 cm hohe Kiesdrainage, Korngröße 5 bis 10 mm, einbringen.

✔ Den Kies mit Draht- oder Kunststoffgeflecht abdecken, damit grabende Tiere nicht alles durcheinanderwühlen.

✔ Je nach Größe der Pflanzen 3 bis 15 cm hoch Laub- oder Nadelerde als Pflanzsubstrat einfüllen.

✔ Die Topfballen wie im Balkonkasten in entsprechend große Pflanzlöcher setzen oder mit Topf eingraben.

✔ Rasenbildende Bodenpflanzen können als Stecklinge auch direkt in den Boden gepflanzt werden.

Bei der Anlage der Pflanzwand auf keinen Fall das Lüftungsgitter zubauen.

DAS TERRARIUM IM ALLTAG

Zur artgerechten Haltung von Terrarientieren gehört nicht nur eine Menge Einfühlungsvermögen, sondern vor allem auch die Bereitschaft, Erfahrungen zu sammeln. Aufmerksam hinzuschauen und das Gesehene richtig zu deuten, ist die Basis der Pflege eines Terrariums.

Hautpflege

Eine mit der Fellpflege bei Hunden und Pferden vergleichbare Körperpflege ist bei Terrarientieren nicht erforderlich. Hier müssen Sie statt dessen auf die Häutung und deren regelgerechten Ablauf achten (→ Seite 54/55).

Hinweis: Um das Häutungsverhalten Ihrer Pfleglinge kennenzulernen, sollten Sie alle Beobachtungen genau notieren.

Kommt es bei Reptilien zu Komplikationen – etwa weil die Luft im Terrarium zu trocken ist, Wachstums- oder Stoffwechselstörungen vorliegen oder durch eine Ortsveränderung eine Streßsituation entstanden ist, müssen Sie praktische Hilfestellung leisten.

Häutungshilfe

Bei Schlangen: Stockt die Häutung oder geht die Haut in Fetzen ab, wird die Schlange in einem mit Wasser gefüllten Eimer oder einer Plastikdose – jeweils mit perforiertem Deckel – für mehrere Stunden eingeweicht. Streift es die Haut im Wasser noch nicht ab, so lassen Sie das Reptil der Länge nach durch ihre rundum fest anliegende Hand kriechen, mit der Sie einen sanften Druck ausüben und dem Tier dadurch beim Abstreifen der Haut behilflich sind.

Bei Echsen: Hier können Sie durch mehrfaches Besprühen mit Wasser, mindestens dreimal täglich, und Entfernen der aufgeweichten Hautfetzen mit der Pinzette helfen. Dabei aber behutsam vorgehen!

Krallenpflege

Sofern kletternde Echsen nicht Haftlamellen an der Unterseite von Fingern und Zehen tragen, benötigen sie lange und scharfe Krallen, um überall Halt zu finden. Sind die Krallen von bodenbewohnenden Echsen und Schildkröten jedoch zu lang und krumm, müssen sie gekürzt werden. Zusätzlich zu Sand oder Laub beispielsweise eine Steinplatte einlegen, denn für überlanges Krallenwachstum ist neben mangelnder Aktivität unzureichender Abrieb verantwortlich.

Krallen kürzen: Das Einkürzen der Krallen können Sie mit einer kräftigen Nagelzange vornehmen (→ Zeichnung, Seite 38). Anfänger sollten sich diese Pflegemaßnahme unbedingt von einem Tierarzt, Zoofachhändler oder erfahrenen Terrarianer zeigen lassen.

Das Foto zeigt deutlich, warum diese Amphibienart den Namen Rotbauchunke trägt.

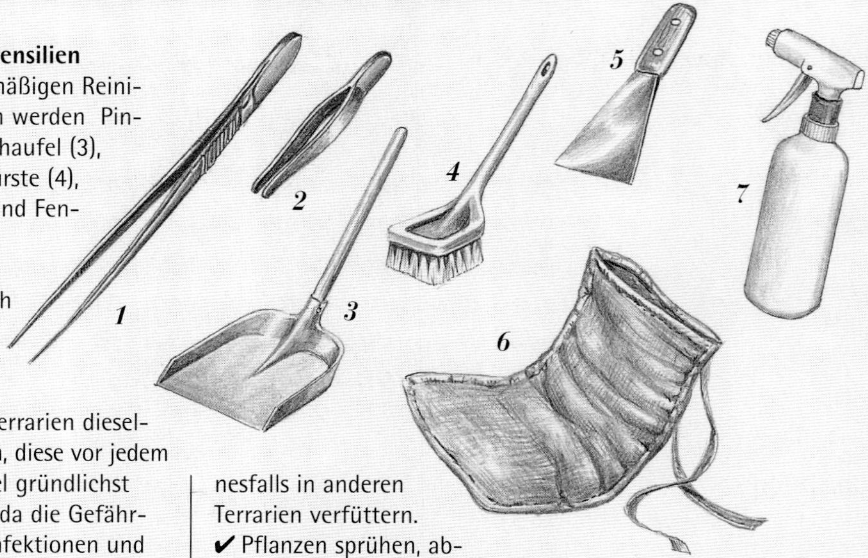

Reinigungsutensilien

Für die regelmäßigen Reinigungsarbeiten werden Pinzette (1,2), Schaufel (3), Schwamm, Bürste (4), Spachtel (5) und Fensterleder benötigt. Immer nach Gebrauch gründlich säubern. Benutzen Sie für mehrere Terrarien dieselben Utensilien, diese vor jedem Beckenwechsel gründlichst desinfizieren, da die Gefährdung durch Infektionen und Parasiten bei den einzelnen Tierarten unterschiedlich ist.

Tägliche Pflegemaßnahmen

✔ Kot und Harn entfernen.
✔ Wasserbecken mit frischem Wasser auffüllen.
✔ Zerwühlten Boden glätten.
✔ Futterreste entfernen. Um die Ausbreitung von Infektionen zu vermeiden, Reste keinesfalls in anderen Terrarien verfüttern.
✔ Pflanzen sprühen, abgestorbene Blätter entfernen. Immer mit Beginn der Aktivitätsphase sprühen, Pflanzen und Tiere werden durch den »Taufall« erfrischt (→ Zeichnung, Seite 47).
✔ Terrarienscheiben reinigen.
✔ Füttern nach Bedarf.

Gießen der Pflanzen

Als Gießwasser nur sauberes Regenwasser oder entsalztes Wasser benutzen, das man kaufen oder mittels Ionen- oder Osmoseaustauscher (Zoofachhandel) selbst herstellen kann. Um dem Verdichten und Versumpfen des Bodens entgegenzuwirken, das Gießwasser generell mit handelsüblichen Sprühflaschen oder Zerstäuber (7) versprühen. Die Temperatur des Wassers derjenigen im Terrarium anpassen. Keinen Dünger zusetzen.

Pflanzenschädlinge

Grundsätzlich dürfen im Terrarium keine chemischen Pflanzenschutzmittel angewendet werden. In besonders hartnäckigen Fällen hilft da nur das Auswechseln befallener Pflanzen.

Krallenschneiden

Nur bei am Boden lebenden Echsen überlange Krallen stutzen, kletternde Echsen brauchen lange und scharfe Krallen, um überall Halt zu finden.

Beim Krallenkürzen nicht in die blutführenden Gefäße schneiden!

Terrarienboden auswechseln

Spätestens, wenn der anfangs frische Erdgeruch einem unangenehmen »Duft« weicht, ist es Zeit, den Boden auszuwechseln. Das Bodensubstrat kann sowohl in Abhängigkeit von der Besatzdichte des Beckens tiefgründig verschmutzen, als auch durch übermäßiges Gießen oder überschwappendes Beckenwasser versumpfen. In einem solchen Fall gänzlich entfernen und durch neues Substrat ersetzten.

Tiere ausquartieren: Während des Auswechselns des Bodens oder des Einbringens neuer Dekorationen und Pflanzen werden die Tiere ausquartiert (→ Terrarientiere greifen, Seite 40). Ein ausbruchsicherer Karton reicht als Ausweichquartier für wenige Stunden aus.

Wasseraustauch

Sobald das Wasser eines Aquaterrariums durch Fäkalien oder Futterreste verschmutzt ist, muß es gewechselt werden. Hierzu wird das Wasser mit einem Schlauch in einen Eimer geleitet. Den Schlauch mit Wasser füllen, mit den Daumen beidseitig verschließen, je ein Ende in Becken sowie Eimer halten und dann erst die Daumen gleichzeitig loslassen. Ist das verschmutzte Wasser gänzlich entfernt, wird frisches Wasser eingefüllt, das Sie mit Hilfe eines Thermometers der gewohnten Temperatur angleichen sollten.

Hinweis: Aus Gründen der Hygiene das Wasser aus dem Schlauch auf keinen Fall mit dem Mund ansaugen.

Zwangsfixierung

Bei Schildkröten: Um einer Schildkröte (Vitamin-)Tropfen zu verabreichen, das Tier in Rückenlage halten und die Tropfen auf die Kinnspitze geben, von wo aus sie zwischen den Hornschneiden ins Maul sickern.

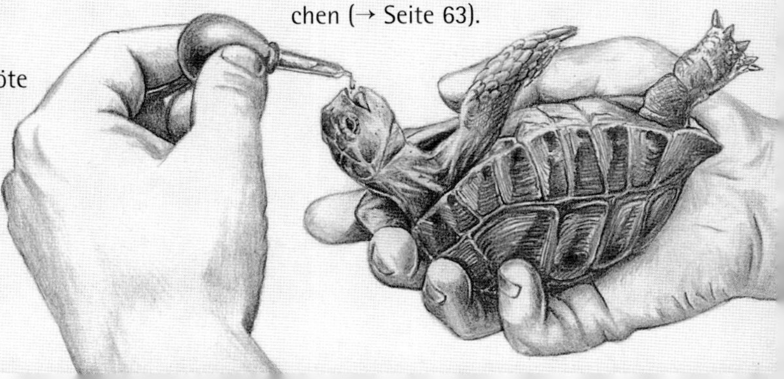

So können einer Schildkröte problemlos Tropfen eingegeben werden.

Bei Schlangen und Echsen: Zur Behandlung bei Krankheiten, etwa zur Eingabe eines Medikaments, das Tier so in einen Leinenbeutel (6) stecken, daß nur der Kopf herausschaut und eine Hand Beutel und Hals fixiert, während der zappelnde Rest des Reptils im Beutel steckt.

Hinweis: Trotzdem Vorsicht, scharfe Krallen können auch durch den Stoff hindurch gefährlich kratzen. Bei Verletzungen den Arzt aufsuchen (→ Seite 63).

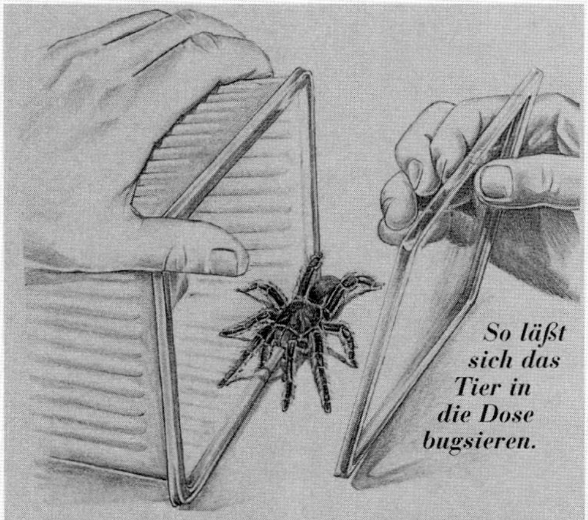

So läßt sich das Tier in die Dose bugsieren.

Wenn Vogelspinnen ausquartiert werden müssen

Ganz einfach und ohne Gefahr läßt sich eine Vogelspinne auch vom Anfänger auf diese Art mit einer Plastikdose einfangen.

Blauschwanzskinke stammen aus Zentralafrika und lieben entsprechend trockene Lebensräume.

Terrarientiere greifen und festhalten

Von Fall zu Fall werden Sie dazu gezwungen sein, eines Ihrer Tiere zu greifen und richtig festzuhalten. Das ist nicht immer einfach, denn sie sind schlüpfrig, schnell und wehrhaft.

Im Wasser lebende Amphibien: Mit einem Kescher fangen. Sollen sie festgehalten (fixiert) werden, erfolgt auch das am sichersten im Kescher, weil sie durch den Stoff griffiger werden.

An Land lebende Amphibien: Entweder ebenfalls mit dem Kescher fangen und fixieren, von oben vor der Hüfte packen oder wie eine Vogelspinne mit einer Dose oder einem Glas fangen.

Vogelspinnen: Einfach und völlig gefahrlos läßt sich jede Vogelspinne mit Hilfe einer handelsüblichen Heimchendose einfangen (→ Zeichnung, Seite 39).

Schildkröten: Am Panzer fassen. Vorsicht bei beißenden Individuen. Diese greifen Sie im Bereich der Hinterbeine am Panzer, so daß auch Arten mit langem Hals Ihre Finger nicht erreichen.

Kleinere Echsen: Daumen und Zeigefinger einer Hand fassen schnell und zielsicher von oben den Hals einer kleinen bis mittelgroßen Echse und fixieren den Kopf seitlich mit sicherem Griff. Mit den freien Fingern den Rumpf des Tieres umfassen.

Hinweis: Behutsam vorgehen bei Arten, die den Schwanz verlieren können wie Geckos (→ Seite 53). Hier umschließt die haltende Hand den Schwanz besonders gefühlvoll.

Große Echsen: Eine Hand umfaßt den Hals und die zweite die Schwanzwurzel sowie gleichzeitig die Hinterbeine, die nach hinten gestreckt seitlich am Schwanz fixiert werden. Bei einem großen, sich wehrenden Tier auch die Vorderbeine mit der den Hals haltenden Hand sichern, weil strampelnde, scharf bekrallte Füße arge Wunden reißen können.

Schlangen: Ähnlich wie Echsen lassen sich auch Schlangen greifen und halten, nur haben Sie es in dem Fall mit einem langen, sich stark windenden Körper zu tun. Im Gegensatz zu den meist flüchtenden Echsen setzen sich Schlangen in Abwehrposition und sind mit einem Biß schneller an Ihrer Hand als diese am Hals der Schlange.

Hinweis: Die Schlange mit einem Tuch abdecken, um sie orientierungslos zu machen, und mit dem Tuch greifen.

10 Goldene Regeln
für die Pflege

1 Sorgfältige Pflege und Hygiene bekommt nicht nur der Gesundheit der Tiere, auch Sie schützten sich dadurch.

2 Nicht mehr als nötig am Terrarium arbeiten, denn jedes Zuviel wirkt störend.

3 Mit zunehmender Gewöhnung verringert sich die Scheu der Tiere, dennoch bedeutet jede Störung Streß.

4 Terrarienscheiben in der Eingewöhnungszeit nur reinigen, wenn die Verschmutzung wirklich störend wirkt.

5 Ein überschaubares Umfeld erleichtert die Pflege und hilft, Pannen und Unfälle zu vermeiden.

6 Türen und Deckel von Terrarien stets sorgfältig verschließen, damit niemand unbeaufsichtigt hineingreifen, aber auch kein Tier entweichen kann.

7 Entwichene Terrarientiere können Angst und Schrecken verbreiten und haben außerhalb des Terrariums keine Überlebenschance.

8 Kot und Harn entfernen, dabei Kotkonsistenz kontrollieren. Befinden sich Fäkalien im Wasserbecken, Wasser ganz auswechseln, ansonsten frisch auffüllen.

9 Pflanzen generell besprühen statt gießen. Dafür nur sauberes Regenwasser oder entsalztes Wasser aus dem Fachhandel benutzen.

10 Im unbepflanzten Regenwaldterrarium durch Versprühen von Wasser für Luftbefeuchtung sorgen.

VERSORGUNG IM URLAUB

Durch eine Pseudo-Ruhezeit mittels Herabsetzen der Temperatur um etwa 5 °C können alle Lebensvorgänge im Terrarium erheblich verlangsamt werden. Dennoch müssen Sie eine zuverlässige Urlaubsvertretung finden, der Sie die Urlaubspflege folgendermaßen erleichtern können:

- ✔ *Alle Heizer und Strahler abschalten, nur das für die Pflanzen notwendige Licht bleibt unverändert. Dadurch unterbleibt die Nahrungsaufnahme - und damit die Verschmutzung - ganz oder größtenteils.*
- ✔ *Darauf achten, daß sich das Terrarium durch einfallende Sonnenstrahlen nicht aufheizt. Sonst brauchen Tiere und Pflanzen erheblich mehr Wasser.*
- ✔ *Terrarien am Tag vor der Abreise gründlich reinigen, die Tiere danach nicht mehr füttern.*
- ✔ *Wasserschildkröten und Amphibien zwei Wochen vor der Reise reduziert füttern. So fällt weniger Kot an, und ein Wasserwechsel ist nicht erforderlich.*
- ✔ *Ersparen Sie der Vertretung die Verabreichung von Vitaminen und Mineralstoffen.*

Ernährung

Ein Teil der in unserem Ratgeber vorgestellten Terrarientiere - die sogenannten Gemischtköstler - frißt neben tierischer auch vegetarische Nahrung. In den Porträts (→ ab Seite 14) finden Sie genaue Empfehlungen zur bevorzugten Nahrung der jeweiligen Tiere.

Tiere tränken: Pfleglinge im Aquaterrarium sind mit Trinkwasser versorgt. Im Regenwaldterrarium wird der »Taufall« (→ Seite 47) als Trinkwasser genutzt. Bei allen anderen Tieren ist das zur Einrichtung gehörende Wasserbecken zugleich Bad und Tränke. In jedes Vogelspinnenterrarium gehört ein handelsüblicher Trinknapf.

Pflanzliche Nahrung

Obst und Gemüse: Aus eigenem Garten oder aus biologischem Anbau ist es immer eine vollwertige Nahrung. Grundsätzlich ist in unseren Breiten gezogenes und naturgereiftes Obst exotischen Genüssen vorzuziehen, weil importierte Früchte immer unreif geerntet werden.

Gräser und Kräuter: Die wertvollste Nahrung für Vegetarier und Gemischtköstler besteht aus wildwachsenden Gräsern und Kräutern. Besonders geeignet sind Löwenzahn, Wegerich, Klee, Melde und Vogelmiere, selbstverständlich inklusive der Blüten.

Hinweis: Die Futterpflanzen nicht am Rande vielbefahrener Straßen, Müllhalden oder an anderen, erfahrungsgemäß mit Schadstoffen belasteten Orten sammeln (→ Wiesenplankton, Seite 43).

Tierische Nahrung

Bei einem großen Teil unserer Pfleglinge handelt es sich um Räuber und sie sollten auch die Möglichkeit bekommen, lebende Beutetiere zu jagen. Beutegreifer, wie die Räuber heute genannt werden, können wir nun mal nicht mit

Gehacktem ernähren. Davon abgesehen ist reines Muskelfleisch für keinen animalischen Kostgänger gut. Skelett, Haare, Schuppen, Chitin und Mageninhalte von Futtertieren sind für die Ernährung, aber auch für die Verdauungsvorgänge von großer Bedeutung. Das Angebot des Zoofachhandels an Futtertieren bietet die Gewähr, daß Sie jederzeit die benötigten Tiere in verschiedenen Größen kaufen können.
Hinweis: Bei vielen Händlern erhalten Sie lebende Futtertiere im Abonnement. Diese sind vor dem Verfüttern optimal zu ernähren, um sie als Nahrung aufzuwerten.

Kleinsäuger

Mäuse werden für Schlangen benötigt, aber auch manche Echsen und große Froschlurche ernähren sich ganz oder teilweise von Mäusen unterschiedlicher Größe.

Wassertiere

✔ Süßwasserfische wie Plötze, Rotfeder, Karausche und andere Weißfische sind nicht nur eine leicht verdauliche, proteinreiche Kost, sie haben auch den höchsten Gehalt an Mineralstoffen. Da frische Fische nicht immer zu beschaffen sind, sollte ein Vorrat in der Tiefkühltruhe eingelagert sein.
✔ Wasserflöhe, Mückenlarven und Bachflohkrebse sind für kleine Wasserschildkröten, im Wasser lebende Amphibien und deren Larven eine ausgezeichnete Nahrung.
Hinweis: Die Gewässer können verpachtet oder geschützt sein, deshalb die Besitz- und Naturschutzrechte abklären, bevor man als Selbstversorger mit dem Kescher auf Fang geht.

Insekten und Spinnentiere

✔ Heimchen und Grillen werden von vielen animalischen Kostgängern gerne genommen. Sie sind auch die ideale Nahrung für alle Vogelspinnen.
✔ Wanderheuschrecken sind eine hervorragende Nahrung für größere Pfleglinge.
✔ Essigfliegen und auch ihre Maden sind sowohl für die Versorgung junger Echsen und Vogelspinnen als auch kleiner Amphibien von Bedeutung. Während der Sommermonate kann die Essigfliege mit Obst geködert werden.
✔ Blattläuse sind das am einfachsten zu beschaffende Naturfutter und ausgezeichnet einzusetzen bei der Ernährung kleiner Amphibien und Reptilien.
✔ Wiesenplankton ist der Oberbegriff für Insekten und Spinnentiere, die Sie beim Abstreifen von krautigen Wiesen und Feldrainen mit

Bartagamen als sogenannte Gemischtköstler ernähren sich auch vegetarisch.

einem Streifnetz selbst sammeln können. In solchen Lebensräumen wachsen übrigens auch weitgehend schadstoffreie Futterpflanzen. Es ist sicher die natürlichste Nahrung, die den insektenfressenden Pfleglingen geboten werden kann. Sie dürfen aber nicht in Schutzgebieten gesammelt werden, und unter der »Beute« dürfen sich keine geschützten Arten befinden.
Hinweis: Informationen über Naturschutzverordnungen erhalten Sie bei der Gemeinde- oder Stadtverwaltung.

Würmer

Regenwürmer sind wegen ihres erdigen Mageninhalts wesentliche Mineralstoffträger. Sie können die Würmer entweder sammeln, im eigenen Garten ausgraben oder im Angelsportgeschäft kaufen.

Dieser junge Ritteranolis kann auf eine Kopf-Rumpf-Länge von 17 cm heranwachsen.

Vitamine und Mineralstoffe

Vitamine sind Auslöser lebensnotwendiger Stoffwechselvorgänge, die natürlicherweise mit der Nahrung aufgenommen oder während bestimmter Verdauungsabläufe gebildet werden.
Mineralstoffe wie Calcium, Phosphor und Magnesium dienen in erster Linie dem Knochen- und Zahnaufbau. Deshalb vor allem im Wachstum befindliche Jungtiere damit versorgen.
Spurenelemente wie Kalium, Eisen, Jod, Fluor und Selen sind wichtig für die Bildung von Enzymen und Hormonen.
Da Vitamine und Mineralstoffe unter Terrarium-Bedingungen nicht oder nur unzureichend auf-

genommen beziehungsweise im Körper gebildet werden, sind sie der Nahrung oder dem Trinkwasser zuzusetzen. Bei deutlichen Anzeichen von Mangelerscheinungen wie Augenlidschwellungen und Rachitis (→ Seite 50) kann auch eine direkte Verabreichung angezeigt sein.
Vitamin- und Mineralstoffpräparate für Terrarientiere sind als Tropfen und als Pulver im Zoofachhandel und als Multivitaminpräparate in Apotheken oder beim Tierarzt erhältlich, der auch die Dosierung nennen wird. Tropfen werden dem Trinkwasser zugesetzt oder den Tieren direkt ins Maul getropft, Pulver wird unter die Nahrung gemischt. Beachten Sie die Gebrauchsanweisung.
Hinweis: Als ebenso einfach wie erfolgreich hat es sich erwiesen, Eierschalen oder den Schulp vom Tintenfisch (Sepiaschale) zu zerbröseln und wöchentlich etwas davon ins Terrarium zu streuen. Viele Echsen und Schilkröten nehmen die Bröckchen gierig auf.

Zwangsfütterung

Erscheint Ihnen eine Nahrungsverweigerung außergewöhnlich lang, so befragen Sie unbedingt einen erfahrenen Terrarianer, bevor Sie zu Zwangsmaßnahmen greifen. Verbindliche Aussagen über noch tragbare Fastenzeiten lassen sich kaum machen, da diese immens weit auseinander liegen, tatsächlich im Bereich von zwei Wochen bis zu zwei Jahren.
Bei Echsen und Schlangen ist die Chance des Maulöffnens und Einführens der Nahrung relativ groß (→ PRAXIS Ernährung, Seite 47).
Bei Schildkröten und Amphibien erfordert eine Zwangsfütterung dagegen so große Routine und ist mit soviel Streß für die Tiere verbunden, daß sie von Terrarienanfängern keinesfalls vorgenommen werden sollte.

Checkliste Ernährung

1 Morgens tränken oder sprühen, füttern zu Beginn der Aktivitätsphase.

2 Füttern Sie abwechslungsreich, unterschiedliche Farben und Düfte der Nahrung reizen den Appetit.

3 Naturgereiftes Obst und Gemüse aus biologischem Anbau ist besser geeignet als unreif geerntetes.

4 Vitamine, Mineralstoffe und Spurenelemente sind wichtig für Stoffwechsel, Skelett und zur Bildung von Enzymen und Hormonen.

5 Nicht direkt gefressene Nahrung abends, bei nachtaktiven Pfleglingen morgens entfernen. Beim nächstenmal weniger anbieten.

6 Weder nicht aufgenommene vegetarische Nahrung noch lebende oder tote Futtertiere in anderen Terrarien anbieten.

7 Sollte erstmalig eine Zwangsfütterung erforderlich werden, vorher beraten lassen.

PRAXIS ERNÄHRUNG

Wann und wieviel füttern

Die Nahrung ist grundsätzlich während der Aktivitätsphase, möglichst mit deren Beginn, anzubieten. Lassen Sie sich schon beim Kauf beraten und bringen Sie durch Beobachten bald genau in Erfahrung, wieviel Ihre Pfleglinge fressen. Die Nahrungsmenge, die beim Füttern gierig aufgenommen wird, ist die richtige. Jedes Mehr ist zuviel, denn die Tiere sollen weder pausenlos fressen können, noch sollen Reste übrig bleiben. Einige Tierarten haben ihre eigenen Fastenzeiten, so fressen beispielsweise Schlangen und Vogelspinnen während der Häutungsphase nicht.

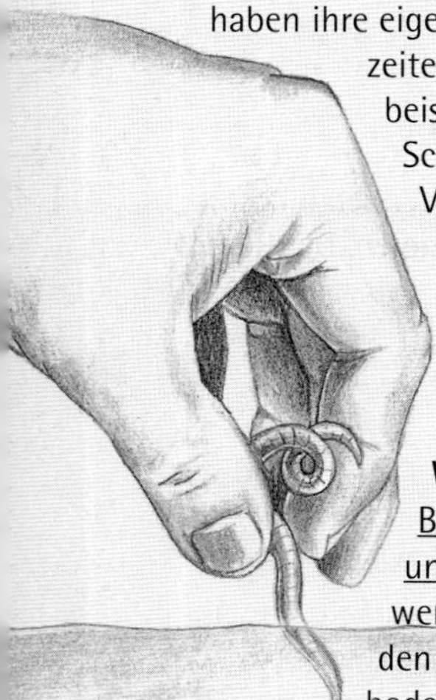

Wie füttern

Blattwerk und Gräser werden auf den Terrarienboden gelegt, dabei ist der Platz zu meiden, den die Tiere als bevorzugten Kot- und Harnplatz nutzen.

Futtertiere erst einsetzen, nachdem sowohl Art als auch Größe des bevorzugten Beutetiers mit Hilfe von Verkäuferinformation, Beobachtung und Ausprobieren zweifelsfrei festgestellt worden sind. So gehen Sie sicher, daß das Beutetier zügig ergriffen wird. Beachten Sie auch, daß die Folgen einer falschen, sorglosen Lebendfütterung fatal sein können. Deshalb die Nahrungsaufnahme immer überwachen – es sind schon Terrarientiere von Futtertieren angefressen worden.

Werden mehrere Tiere zusammen gehalten, ist es besonders bei Schlangen sicherer, ihnen die Beute mit einer Pinzette vorzuhalten, um damit durch Futterneid verursachte Störungen bei der Fütterung auszuschließen.

Im Aquaterrarium kommt das Futter direkt ins Wasser.

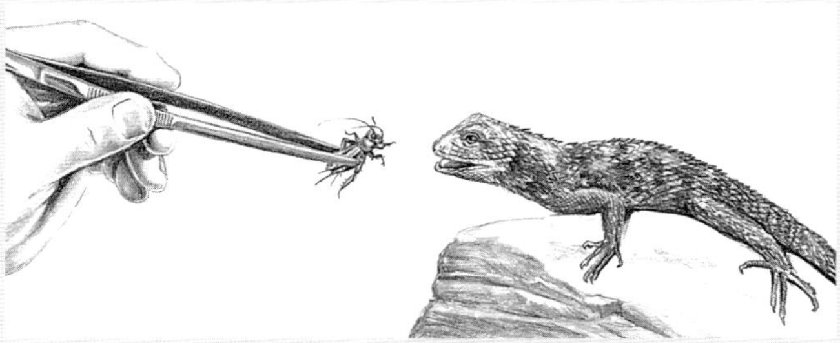

Bei Gruppenhaltung die Tiere auch einzeln füttern.

Futterfische in schluckgerechter Größe am besten lebend ins Wasser setzen, wo Beutegreifer sie packen und verschlingen. Zerkleinerten Fisch nicht als Filet, sondern mit Schuppen, Gräten und Eingeweiden verfüttern. Nahrung aus der Tiefkühltruhe langsam auftauen und erst durchtemperiert anbieten.

Insekten lassen sich gut mit einem Vitamin-Mineralstoffgemisch bestäuben: Eine Löffelspitze von dem Gemisch in eine Dose oder einen Plastikbeutel geben, Insekten einsetzen, verschließen und schütteln, bis die Futtertiere wie bemehlt erscheinen. Anschließend einzeln vorwerfen, damit sie nach kurzer Jagd erbeutet werden, oder aber mit der Pinzette vorhalten, damit sie nicht entweichen.

Hinweis: Nicht verspeiste Insekten wieder herausfangen, da sie für Tiere und Pflanzen eine Gefahr darstellen.

Beim Zwangsfüttern das Tier behutsam fixieren.

Wiesenplankton wird direkt ins Terrarium gesetzt. Es wird sich auf Grund des anderen Klimas dort nicht einnisten. Blattläuse mit den Blättern und Stengeln einbringen. Regenwürmer immer unter Aufsicht anbieten, sie verkriechen sich sonst und gehen als Nahrung verloren.

Füttern im Aquaterrarium: Hier erhalten die Tiere lebende und tote Nahrung ins Wasser. Besonders präzise füttern, denn jedes Zuviel verdirbt das Lebenselement.

Die Tiere tränken

Aquaterrarium: Hier sind die Tiere mit Trinkwasser versorgt – ein Grund mehr, das Wasser regelmäßig zu wechseln.
Regenwaldterrarium: Täglich sprühen, der »Taufall« wird von den Tieren als Trinkwasser genutzt. Trink- bzw. Badewasser 3 x wöchentlich wechseln.
Wüstenterrarium: Das gilt auch für das Wüstenterrarium, dieses jedoch nur partiell und weniger intensiv sprühen. Wasser im Trinkgefäß täglich wechseln.
Vogelspinnenterrarium: Wasser im Trinknapf alle 2 bis 3 Tage erneuern.

Viele Tiere nutzen den Taufall als Trinkwasser.

Zwangsfütterung

Muß eine Echse oder Schlange zwangsgefüttert werden (→ Seite 45), das Tier mit Daumen und Zeigefinger der linken Hand seitlich hinter dem Kopf fixieren. Der Rumpf einer kleinen Echse wird mit den freien Fingern der linken Hand gehalten.
Größere Echsen sowie Schlangen kommen mit dem Körper in einen Leinenbeutel. Reißt das Tier vor Schreck oder Abwehr das Maul auf, kann ein Holzspatel, noch besser ein Vaginalspekulum (veterinärärztliches Instrument), ins Maul geschoben werden. Tut es das nicht, muß die freie rechte Hand – oder eine zweite Person – das Maul unter stetem Zug öffnen, Spatel oder Spekulum einschieben und danach die Nahrung vorsichtig einführen.

Krankheiten

Über Krankheitsanzeichen und deren mögliche Ursachen informiert Sie die Tabelle auf Seite 51. Experimentieren Sie nicht selbst, denn es geht durch unspezifische oder gar falsche Maßnahmen unnötig Zeit verloren. Verabreichen Sie auch auf keinen Fall fortwährend »vorbeugend« Medikamente in kleiner Menge.

Vorsorgemaßnahmen

Quarantäne: Sie ist deshalb so wichtig, weil Terrarientiere auf dem Weg von ihrem angestammten Lebensraum oder ihrem Geburtsort bis zu Ihnen vielen Streßbelastungen und möglichen Infektionen ausgesetzt sind. Im Quarantäneterrarium haben Sie außerdem die beste Gelegenheit, neue Tiere zu beobachten (→ Seite 12). Das heißt, nicht allein nach krankhaften Veränderungen zu sehen, sondern auch Veränderungen im Verhalten zu registrieren. Weil Ihnen die üblichen Reaktionen eines neuen Tieres noch nicht bekannt sind, sollten Sie hierbei den Rat eines erfahrenen Terrarianers suchen.

Verhaltensweisen notieren: Hilfreich sind tägliche Aufzeichnungen über alle Verhaltensweisen einschließlich Nahrungsaufnahme und Verdauung. Aus den Meßdaten von Temperatur und Luftfeuchtigkeit lassen sich ebenfalls wichtige Rückschlüsse ziehen.

Erfahrungen austauschen: Als Ansprechpartner bietet sich eine der Untersuchungsstellen für Amphibien- und Reptilienkrankheiten an (→ Seite 62), die auch für die Untersuchung von Kotproben, die weiterhin jährlich erfolgen sollte, kompetente Partner sind. Da nur wenige Tierärzte auf Vogelspinnen spezialisiert sind, sollten sie im Zweifelsfall den Rat erfahrener Vogelspinnenhalter einholen (→ Seite 62).

Krankheiten des Verdauungstrakts

Optisch wahrnehmbare Kotveränderungen: Normalerweise ist der Kot zu Ballen geformt, von bräunlicher oder, bei Gras- und Blattnahrung, grünlicher Farbe und riecht nicht auffällig. Je nach aufgenommener Nahrung enthält er Haare, Zähne, Krallen, Chitin, Pflanzenfasern, nicht selten auch Sand und Steinchen. Ist der Kot breiig-dünnflüssig und riecht durchdringend, oder enthält er Blut, so weist dies auf eine Schädigung des Darms hin.

Behandlung: Kotproben frisch sammeln und umgehend zur Untersuchungsstelle bringen, bzw. senden. Der Tierarzt wird aufgrund des Untersuchungsbefunds eine entsprechende Behandlung einleiten.

Endoparasiten: Außer Würmern, die bei starkem Befall im frisch abgesetzten Kot zu beobachten sind, werden Sie von der großen Zahl möglicher Eingeweideparasiten nichts bemerken, die gleichwohl Auszehrung, Vergiftungen und Entzündungen des Verdauungstraktes verursachen können.

Kornnattern sind tagaktive Reptilien, die - wie man sieht - gerne auf Baumäste klettern.

Der Tokeh stammt aus Asien und ruft in den Abendstunden laut schallend »to-ke, to-ke«.

Behandlung: Die Untersuchungsstelle oder der Tierarzt wird möglicherweise Amöben, Flagellaten, Band-, Spul-, Maden- oder Haarwürmer nachweisen und die entsprechenden Medikamente verordnen.

Außenparasiten

Milben: Die stecknadelkopfgroßen Parasiten leben vom Blut der Reptilien und perforieren die Haut unter den Schuppen. Schwächung und Streß durch den Juckreiz sind die Folge. Milben bei Vogelspinnen sind kleiner und beige.
Zecken: Bis zu 3 mm große, flache Gliederfüsser, die sich unter den Schuppen festbeißen und Blut saugen.
Behandlung: Stellen Sie einen Befall schon beim Kauf fest, die Neuerwerbung nicht in ein eingerichtetes Terrarium, sondern in ein Quarantäneterrarium setzen. Vorher jedoch das befallene Tier mit einer Lebertransalbe oder Melkfett partiell dünn einfetten, dabei gegen die Schuppen streichen, damit das Fett unter die Schuppen gelangt. Bei Schlangen besonders Kopf, Bauch- und Seitenschuppen und den Kloakenbereich; bei Echsen außerdem Hals und Gelenkbeugen. Bemerken Sie einen Befall in Ihrem Terrarium, dann die Tiere im Quarantäneterrarium wie beschrieben behandeln. In das Terrarium Blattanex „Fliegen-Strip" hängen, in 10-facher Menge als auf der Packung angegeben, da der für 40 m³ empfohlene Strip nur für 4 m³ Terrarium reicht. Nach zwei Wochen den

Strip für weitere zwei Wochen erneuern, um auch die inzwischen aus den Eiern schlüpfenden Larven abzutöten. Vogelspinnen nach Absprache mit einem erfahrenen Halter durch wiederholte CO_2-Dusche in einer geschlossenen Dose behandeln, das Terrarium reinigen, die Dekoration erneuern.

Hauterkrankungen

Hautgeschwüre: Der Tierarzt spaltet die Abszesse, reinigt den Wundbereich und verordnet eine Behandlung.
Hautpilze bei Reptilien: Der Tierarzt nimmt Gewebeprobe und sucht ein wirksames Medikament. Behandlung langwierig.
Hautverpilzung bei Amphibien: Die auch Wasserschimmel genannte Krankheit tritt meist als Folge einer anderen, häufig nicht erkannten Hauterkrankung bei im Wasser lebenden Amphibien auf. Mit Präparaten gegen Verpilzung bei Zierfischen nach Gebrauchsanweisung behandeln.
Hautverpilzung bei Vogelspinnen: Weißlicher, pelziger Belag. Behandlung mit einer Hautpilzsalbe versuchen.

Äußere Verletzungen

Kleine Wunden mit Antibiotikum- oder Sulfonamidpuder bzw. -tinktur behandeln. Keine Pflaster oder Verbände anbringen. Unterbringung möglichst steril im Quarantäneterrarium. Bei größeren Verletzungen zum Tierarzt gehen. Bei durch Quetschung oder Sturz entstandenenen kleinen Rissen am Hinterleib einer Vogelspinne die Blutung mit Puder oder Sprühpflaster stillen.

Maulfäule, Kiefervereiterung

Mit Kamillentinktur abtupfen. Zum Tierarzt gehen. Zur Erhöhung der Abwehrkräfte ein Multivitaminpräparat geben.

Lungenentzündung

Infektion wird durch unzureichende Klimatisierung begünstigt. Aktivität und Nahrungsaufnahme sind erheblich verringert. Lungenentzündung wird vom Tierarzt mit Antibiotika oder Sulfonamiden behandelt. Abwehrkräfte durch Vitamingaben stärken.

Augenentzündungen, Augenlidschwellungen

Der Tierarzt wird bei einer Entzündung Augentropfen verordnen, bei Schwellungen Vitamine injizieren. Als flankierende Maßnahme wenigstens vier Wochen täglich ein Multivitaminpräparat nach Gebrauchsanweisung eingeben.

Rachitis

Neben verschiedenen Ursachen (→ Seite 51) kann auch das Mästen von Tieren, die in unzureichendem Raum zu warm gehalten werden, die Knochenerweichung auslösen. Hohe Multivitamin- und Calciumgaben.

So werden Echsen und andere Reptilien richtig für den Transport verpackt.

Krankheiten erkennen

Krankheitsanzeichen	Ursachen
Erbrechen	Haltungsfehler, zu viel/zu große Nahrung, Vergiftung
Kot breiig-dünn, blutig, durchdringender Geruch, Kloake gerötet, schmierig	Entzündung im Verdauungstrakt, hervorgerufen durch Bakterien- oder Virusinfektion, Parasiten
Würmer im Kot	Eingeweideparasiten
Weißgraue Ablagerungen auf der Haut	Milbenbefall
Linsenähnliche Anhängsel	Zeckenbefall
Hautgeschwüre	Verletzungen, Stoffwechselstörungen
Schorfige Hautveränderungen	Hautpilze, durch zu feuchte Klimaverhältnisse begünstigt
Weiße Beläge	Wasserschimmel
Ablagerung von festem Schleim, Abszesse, Gewebezerfall im Maul	Maulfäule, Kiefervereiterung
Schaum auf Nasenlöchern, ruckartiges Öffnen des Mauls, Röcheln	Lungenentzündung
Tränen, Verfärbung der Augen	Entzündung durch Zugluft, Verbrennung durch UV-Bestrahlung
Schwellung der Augenlider	Vitamin- und Mineralstoffmangel, unhygienische Haltungsbedingungen
Verkrümmungen des Skeletts, weicher Panzer	Rachitis, Stoffwechselstörungen, Haltungsfehler
Verletzungen der Gliedmaßen und des Hinterleibs bei Vogelspinnen	Sturz aus großer Höhe, unsachgemäßes Hantieren
Bereich um die Spinnwarzen blasenartig verdickt	Vogelspinnenkrebs

VERHALTEN UND BEOBACHTUNG

Im Laufe ihrer Millionen Jahre alten Geschichte haben unsere Terrarientiere sich ihren jeweiligen Lebensräumen angepaßt und entsprechende Besonderheiten entwickelt, die das Beobachten ihrer Verhaltensweisen im Terrarium zu einem spannenden Erlebnis machen.

Die Körpertemperatur

Amphibien, Reptilien und Spinnentiere sind wechselwarme Tiere, bei denen die Temperatur des Blutes von der Umgebungstemperatur beeinflußt wird. Da ihre gesamten Lebensabläufe von außen gesteuert werden, müssen wir viel intensiver als bei Warmblütern beobachten, kontrollieren und regulieren.

Das Skelett

Skelett: Amphibien besitzen ebenso wie Reptilien ein Skelett, wobei das der Amphibien vergleichsweise wenig Kalzium enthält, ihre Knochen daher meist elastischer sind als die der Reptilien. Bei den Schildkröten entstand aus Wirbelsäule, Rippen, Teilen des Schultergürtels und Hautverknöcherungen der starre »Panzer« in dem nur die Hals- und Schwanzwirbel bewegliche Elemente blieben.

Gliedmaßen:

✔ Baumbewohnende Echsen lassen sich an ihren extrem langen Gliedmaßen und scharfen Krallen erkennen.

Spitzkopfschildkröten leben gesellig an Uferrändern von Gewässern in Neuguinea.

✔ Bodenbewohner haben kurze, muskulöse Beine, oft mit zum Graben geeigneten Füßen.

✔ In oder am Wasser lebende Schildkröten und Echsen besitzen meist Schwimmhäute zwischen den Zehen.

✔ Besonderheiten sind die Saugnäpfe an Fingern und Zehen der Laubfrösche und die Haftlamellen vieler Geckos.

Schwanz: Eine weitere anatomische Anpassung an ihre Lebensbedingungen ist die Fähigkeit vieler Echsen, als Reaktion auf Gefahren den Schwanz ganz oder teilweise abzuwerfen. Diese Autotomie genannte Selbstverstümmelung dient als Maßnahme zur Verteidigung, denn durch den abgeworfenen Schwanz ist ein Angreifer leicht abzulenken, zumal das Schwanzstück noch eine Zeitlang schlängelnde Bewegungen ausführt. Anstelle des so abgeworfenen Schwanzes wird zwar wieder ein neuer gebildet, jedoch nur mit verknorpelten Wirbeln.

Die Sinnesorgane

Augen: Die Fähigkeit zu sehen ist bei den einzelnen Tierarten, abhängig von ihrer Lebensweise, sehr unterschiedlich ausgebildet.

✔ Auf dem Land lebende Froschlurche sehen als Beutegreifer beispielsweise gut, während im

Wasser lebende Arten sich mehr auf ihr Witterungsvermögen verlassen.

✔ Schildkröten können Farben sehr gut unterscheiden und damit bevorzugte Blüten und Früchte schon von weitem erkennen.

✔ Schlangen und viele Echsen nehmen mehr die Bewegungen wahr und verlassen sich im übrigen auf den Geruch.

✔ Nacht- und dämmerungsaktive Terrarientiere verfügen über schlitzförmige Pupillen. Damit ist ihr auf geringe Helligkeit eingestelltes Auge tagsüber geschützt, mit nachlassender Lichtintensität weitet sich die Pupille.

✔ Bei allen Schlangen, den meisten Geckos sowie einigen Skinken und Eidechsen sind die Lider zu einer durchsichtigen »Brille« verwachsen. Als Bestandteil der Haut muß auch die Brille mit häuten.

Zunge:

✔ Landbewohnende Froschlurche setzen ihre Zunge zum Beuteerwerb ein. Damit sie klebrig wird, streicht sie während des Vorschnellens an der Zwischenkieferdrüse am Gaumendach entlang.

✔ Die meisten Echsen und alle Schlangen benutzen ihre Zunge zum Aufspüren der Beute. Züngelnd werden Duftstoffe aufgenommen und an den Gaumen zu den Riechsinneszellen des Jacobsonschen Organs befördert.

✔ Die Zunge der Schlangen und mancher Echsen ist lang und tief gespalten, während sie bei Schildkröten und den meisten Amphibien mehr oder minder kurz und dick ist.

✔ Viele Echsen putzen sich nach der Nahrungsaufnahme mit der Zunge intensiv das Maul, fast alle Reptilien benutzen sie zum Auflecken des Wassers, Geckos lecken auch die Augen.

Die Haut

Vogelspinnen haben zwei Körperabschnitte, den Vorderkörper (Cephalothorax) und den Hinterleib (Abdomen), die durch Chitinplatten geschützt sind.

Amphibien haben eine weiche, feuchte und drüsenreiche Haut. Das Sekret der Drüsen verhindert ein Austrocknen der Haut, besonders dort, wo die Tiere relativ trockene Lebensräume bewohnen. Sind sie im feuchten Milieu beheimatet, wirkt das Drüsensekret auch bakterien- und pilzhemmend und ersetzt so den Schutz einer verhornten Haut.

Reptilien dagegen haben eine lederartige Haut ohne Hautdrüsen, die sich trocken anfühlt. Aus unterschiedlich großen, teilweise stark verhornten Schuppen bestehend, ist diese Art der Körperbedeckung hervorragend geeignet, ein Austrocknen zu verhindern.

Die Häutung

Spinnentiere, Amphibien und Reptilien häuten regelmäßig. Rasch wachsenden Jungtieren wird die äußere Hülle schneller zu eng, weshalb sie häufiger ihre Haut abstreifen als ältere. Die Häutung hängt ab von Jahreszeit, Klima, Nahrungsangebot und Allgemeinzustand. Sie wird durch Hormone gesteuert und ist ein auffälliger Vorgang, der sich schon vorher durch Veränderungen ankündigt.

Vogelspinnen: Zur Häutung verzieht sich die Vogelspinne in ihr Versteck, spinnt es aus, und nimmt keine Nahrung mehr zu sich. Nach einigen Tagen legt sie sich auf den Rücken und schlüpft Stunden später aus der Haut.
Amphibien: Obwohl auch alle Amphibien häuten, wird hier die Häutung, weil seltener und weniger auffällig, oft gar nicht bemerkt.

✔ Froschlurche fressen ihre Haut gleich während des Abstreifens - die perfekte Wiederverwendung wertvoller Aufbaustoffe.

✔ Schwanzlurche verlieren ihre Haut in unscheinbaren Fetzen.

Reptilien: Die Häutung ist ein auffälliger Vorgang, der sich bei Schlangen besonders durch eine starke Trübung der Augen ankündigt. In der Regel wird die Haut innerhalb einer Stunde in einem Stück abgestreift. Bei Echsen erfolgt das Häuten in Fetzen (→ Zeichnung, Seite 54) und erstreckt sich bei manchen Arten über Wochen. Verschiedene Schildkrötenarten stoßen auch die obere Schicht der Hornschilder ab.

Der Giftbiß der Vogelspinne

Ein Teil der amerikanischen Vogelspinnenarten verteidigt sich auch durch »Bombardieren«. Hierbei bürstet die Spinne ihrem Angreifer vom Hinterleib mit raschen Bewegungen eines Hinterbeins feine Härchen entgegen (→ VerhaltensDolmetscher, Seite 57), die nicht nur einen unangenehmen Juckreiz auf Haut und Schleimhäuten verursachen, sondern auch in die Atemwege gelangen können. Die meisten Vogelspinnen verteidigen sich aber durch den Giftbiß. An ihrem Vorderkörper befinden sich seitlich je vier Laufbeine, vorn zwei Taster und zwischen diesen die Beißwerkzeuge. Diese bestehen aus dem Grundglied mit der Giftdrüse und der Klaue, durch die das Gift in die Beute gelangt. Für den Menschen ist der Biß zwar schmerzhaft, aber nicht lebensbedrohend. Die Gefahr einer Blutvergiftung durch von den Beißwerkzeugen übertragene Bakterien ist allerdings nicht auszuschließen. Und bei Allergikern kann durch den Giftbiß ein lebensbedrohlicher Schock ausgelöst werden (→ Wichtige Hinweise, Seite 63). Sie spüren auch in besonderem Maße die Brennhaare, die beim Bombardieren herumfliegen.

Der Leopardgecko verzehrt die alte Haut - eine perfekte Wiederverwertung wertvoller Stoffe.

DOLMETSCHER

Für die richtige Pflege eines Terrarientieres müssen Sie sowohl sein Äußeres als auch sein Verhalten deuten können.

☞ ***Dies fällt an dem Tier auf.***

? ***Was bedeutet das für den Pfleger?***

! ***So reagiere ich richtig darauf.***

☞ Haftlamellen bieten Halt auf glatten Flächen.

? Großblättrige Pflanzen einbringen.

! Findet das Tier keine Halt, ist Häutungshilfe notwendig.

☞ Braun marmoriert ist die Körperfarbe der Agakröte.

? Hinweis auf Farbe und Struktur des Lebensraums.

! Lauberde als Bodensubstrat in das Terrarium.

☞ Geckos kleben ihre Eier an gemeinsame Legeplätze.

? Das Brutklima ist hier günstig.

! Eier dort lassen.

☞ Das intensive Grün des Laubfroschs.

? Er liebt den Schutz üppig wuchernder Pflanzen.

! Das Terrarium dicht bepflanzen.

☞ Spitzkopfschildkröte legt Kopf und Hals seitlich an.

? Das Tier ist ein sogenannter Halswender.

! Nicht zum Tierarzt, da kein Anomalie.

Bartagamen leben in Trupps mit sozialem Verhalten.

? Innerartliche Kommunikation ist erforderlich.

! Trotzdem auf gelegentliche Unverträglichkeit achten.

augnäpfe an Fingern und Zehen des Laubfroschs.

? Sie zeigen das Leben auf Blättern an.

! Einrichtung mit großblättrigen, tragfähigen Pflanzen.

Vogelspinne streift Haare vom Hinterleib.

? Die Spinne fühlt sich bedroht.

! Weniger Störungen, mehr Deckung.

Bartagame droht mit aufgestelltem Bart.

? Störung durch Pfleger oder Artgenossen.

! Störung beseitigen, auf Aggressionen achten.

Stachelleguane leben in Kleingruppen.

? Geselligkeit ist lebensnotwendig.

! Terrarium mit mindestens vier Tieren.

Fortpflanzung und Zucht

Um den Fortpflanzungszyklus auszulösen, ist eine optimale Haltung Voraussetzung. Oft sind Tageslänge, Klima oder Klimaveränderungen entscheidende Auslöser. Da eine eindeutige Geschlechtsdiagnose manchmal schwierig ist, sollten Sie sich als Anfänger dabei von einem erfahrenen Terrarianer beraten lassen. Vielfach sind die Unterschiede auch lediglich während der Fortpflanzungszeit zu erkennen.

<u>Vogelspinnen:</u> Üblicherweise einzeln gepflegt, können sie zur Paarung vergesellschaftet werden. Vogelspinnen zu züchten, setzt aber viel Erfahrung voraus.

Wie sich Amphibien fortpflanzen

<u>Geschlechtsmerkmale:</u>

✔ Bei den meisten Amphibien sind die Weibchen größer und kräftiger.

✔ Bei den Männchen der Schwanzlurche beispielsweise ist die Kloakenregion stark verdickt.

✔ Manche männlichen Froschlurche sind an ihrer dunkleren Kehle zu erkennen. Andere zeigen hornige, meist dunkel gefärbte Brunstschwielen an Armen, Händen oder Fingern.

<u>Laichverhalten:</u> Die meisten Schwanzlurche suchen zur Laichzeit das Wasser auf. Während der Balz setzt das Männchen die Spermien in Form einer Kapsel – der Spermatophore – am Boden des Gewässers ab. Das Weibchen nimmt sie mit seiner Kloake auf und setzt bald darauf den Laich, oft mehrere hundert Eier, an Wasserpflanzen ab.

Bei vielen Froschlurchen klammern sich die Männchen rittlings an die Weibchen. Im Wasser schwimmend wird der Laich abgesetzt und gleichzeitig befruchtet.

<u>Von der Larve zum Lurch:</u> Aus dem Laich schlüpfen nach einer bis vier Wochen kiemenatmende Larven. Diese kleinen, kugelförmigen Wesen mit langem Schwanz, bei den Froschlurchen Kaulquappen genannt, wachsen relativ rasch heran und beginnen nach wenigen Wochen mit der Metamorphose. In dieser Phase bilden sich Lungen, Bezahnung und Verdauungstrakt verändern sich, es wachsen Beine und bei den Froschlurchen erfolgt die Rückbildung des Schwanzes. Ist diese Umwandlung abgeschlossen, verlassen die meisten als fertige Lurche das Wasser, um überwiegend an Land zu leben.

Wie sich Reptilien fortpflanzen

<u>Geschlechtsmerkmale:</u>

✔ Bei geschlechtsreifen Schildkrötenmännchen ist der Bauchpanzer eingedellt, der Schwanz

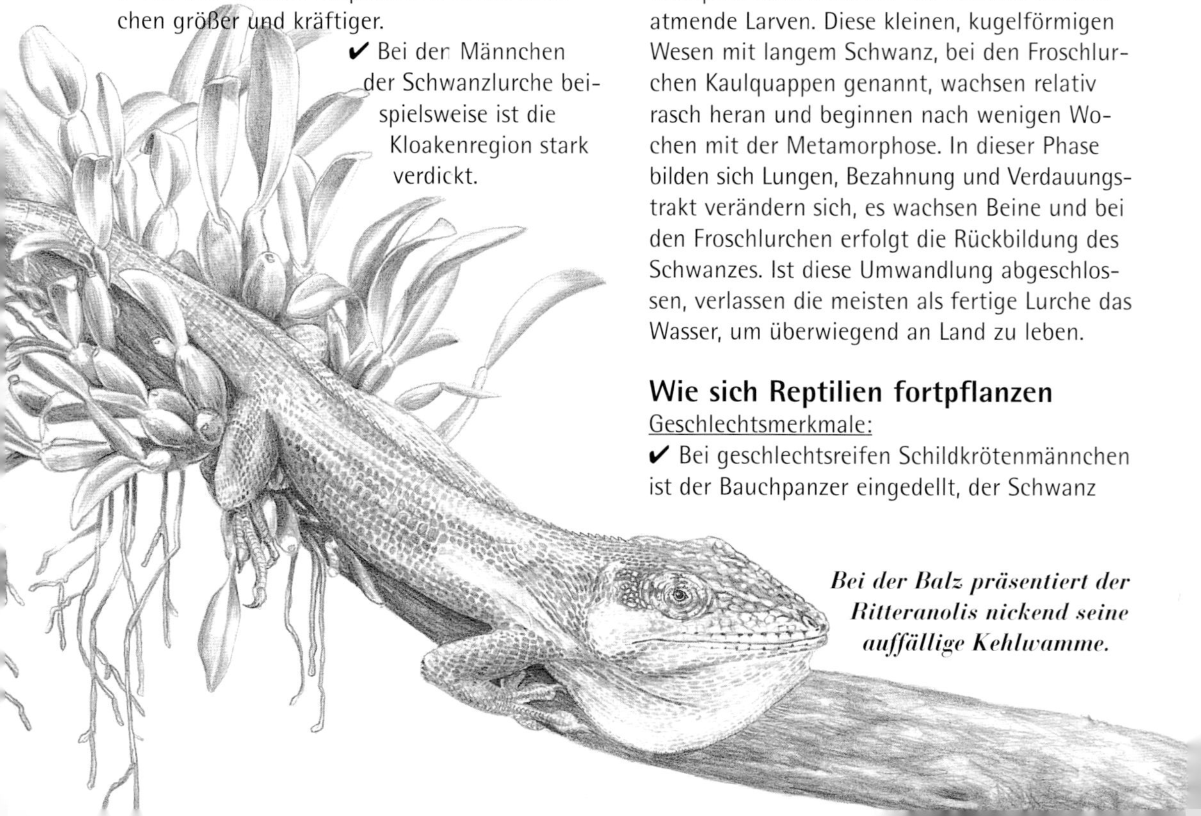

Bei der Balz präsentiert der Ritteranolis nickend seine auffällige Kehlwamme.

länger und stärker, und die Kloake befindet sich meistens weiter vom Schwanzansatz entfernt als bei weiblichen Tieren.

✔ Häufig sind Echsenmänner durch mehr oder minder auffällige Kämme und Hautlappen an Kopf, Kehle, Rücken oder Schwanz geziert. Viele sind farbiger und größer als die Weibchen. Geschlechtsabhängige Hautdrüsen sind deutlich bei männlichen Geckos, Leguanen und Agamen zu erkennen.

✔ Die in der Regel etwas kleineren Männchen der Schlangen haben oft einen stärkeren Schwanzansatz und gelegentlich einen etwas längeren Schwanz.

Balzverhalten: In der Paarungszeit können Sie tagaktive Reptilien bei der Balz beobachten:

✔ Wasserschildkröten sind ebenso eifrige wie rabiate Liebhaber. Es kann durchaus notwendig werden, die Geschlechter zur Schonung der Weibchen zu trennen.

✔ Manche Echsen präsentieren beim Balzen kopfnickend die Kehlwamme, andere führen mit dem Kopf rasche Nick- und Pendelbewegungen aus.

✔ Selbst Schlangen entwickeln ungeahnte Aktivitäten im Hinblick auf die Arterhaltung, dabei verfolgen oft mehrere Männchen ein Weibchen.

✔ Reptilienmännchen können in der Paarungszeit außerordentlich aggressiv gegeneinander sein, deshalb: beobachten und die Kämpfer notfalls trennen.

Paarung: Die Geschlechtsorgane aller Reptilien ruhen in der bauchwärts gelegenen Kloakenspalte. Schildkröten haben einen Penis mit Samenfurche, Echsen und Schlangen den zweigeteilten (paarigen) Hemipenis. Während Schildkröten bei der Paarung aufreiten, nähern Schlangen- und Echsenmännchen sich den Weibchen seitlich. Es erigiert der Teil des Hemipenis, der dem Weibchen am nächsten ist.

TIP

Bebrütung von Laich und Eiern

Im Aquaterrarium abgesetzten Laich bei gleicher Temperatur in einem separaten kleinen Aquarium pflegen:

✔ Schwimmenden Laich mit dem Kescher, angehefteten zusammen mit den Pflanzen in den Aufzuchtbehälter umsetzen.

✔ Intensiv filtern und das Wasser häufig genug wechseln.

Die empfindlichen Reptilieneier unmittelbar nach dem Auffinden behutsam in einen handelsüblichen Reptilien-Brutapparat umbetten:

✔ Eine Kunststoffdose zunächst zur Hälfte mit Vermiculit (Zoofachhandel) füllen.

✔ Die Eier darauf betten und – außer Geckoeier – mit einer etwa 2 cm dicken Vermiculitschicht abdecken.

✔ Gefäß verschließen – Luftlöcher nicht vergessen – und in den Brutbehälter stellen.

✔ Die Eier dürfen nicht verdreht werden.

Junge Reptilien unter den gleichen Bedingungen, aber getrennt von den Elterntieren aufziehen.

Eiablage: Schildkröten legen hart- und weichschalige, Echsen und Schlangen weichschalige Eier im Boden ab. Nur einige Geckos wie der Tokeh produzieren auch hartschalige Eier (→ Foto, Seite 56) und legen diese unter Umständen auch in Holz- oder Steinspalten ab. Oviparie wird diese Form der Fortpflanzung durch Eier genannt. Schildkröten pflanzen sich generell ovipar fort. Bei lebendgebärenden Echsen und Schlangen schlüpfen die Jungen vor, während oder unmittelbar nach der Ablage aus der Eihaut.

REGISTER

Die halbfett gesetzten Seitenzahlen verweisen auf Farbfotos und Zeichnungen.

Bartaganen sind auf Gesellschaft ganz besonders angewiesen.

Adressen

• DGHT Deutsche Gesellschaft für Herpetologie und Terrarienkunde e.V., Geschäftsstelle: Wormersdorfer Str. 46-48 53359 Rheinbach, www.dght.de
In vielen Städten der BRD haben sich Stadtgruppen, in der Schweiz eine Landesgruppe etabliert. Die Anschriften erhalten Sie in der Geschäftsstelle.

• Deutsche Arachnologische Gesellschaft e.V. Andreas Halbig, Pommernstr. 14, 59229 Ahlen, www.dearge.de

• Zentrale Arbeitsgemeinschaft Wirbellose im Terrarium e.V., Wenzelstr. 5, 08223 Falkenstein, www.zag-wirbellose.de

Fragen beantworten

Ihr Zoofachhändler und der Zentralverband Zoologischer Fachbetriebe Deutschlands e.V. (ZZF), Rheinstr. 35, 63225 Langen, Tel. 06103/910732 (nur telefonische Auskunft möglich), www.zzf.de

Untersuchungsstellen

• GeVo Diagnostik, Gesellschaft für medizinische und biologische Untersuchungen mbH, Jakobstr. 65, 70794 Filderstadt, www.gevo-diagnostik.de

• Institut für Zoologie, Fischereibiologie und Fischkrankheiten der Tierärztlichen Fakultät LMU, München, Kaulbachstr. 37, 80539 München, www.vetmed.uni-muenchen.de/zoofisch

Bücher, die weiterhelfen

(falls nicht im Buchhandel, dann in Bibliotheken erhältlich)

• Griehl, K.: Schlangen. Gräfe und Unzer Verlag, München.

• Köhler, G: Krankheiten der Amphibien und Reptilien. Verlag Eugen Ulmer, Stuttgart.

• Jes, H.: Echsen. Gräfe und Unzer Verlag, München.

• Jes, H.: Leguane. Gräfe und Unzer Verlag, München.

• Nietzke, G.: Fortpflanzung und Zucht der Terrarientiere. Landbuch-Verlag, Hannover.

• Scheuermann, I.: Pflanzen fürs Aquarium. Gräfe und Unzer Verlag, München.

• von Wirth, V.: Vogelspinnen. Gräfe und Unzer Verlag, München.

• Wilke, H.: Landschildkröten. Gräfe und Unzer Verlag, München.

Zeitschriften, die weiterhelfen

• Das Aquarium. Birgit Schmettkamp Verlag, Bornheim.

• Arachnologisches Magazin. Samm-Verlag, Nürnberg.

• DATZ Die Aquarien- und Terrarienzeitschrift. Eugen Ulmer Verlag, Stuttgart.

• Herpetofauna. Die Zeitschrift für den Terrarianer. Herpetofauna Verlag, Weinstadt.

• Reptilia. Natur und Tier-Verlag, Münster.

• Salamandra und Elaphe. Zeitschrift für Herpetologie und Terrarienkunde. Herausgegeben von der DGHT (→Adressen)

Der Autor

Harald Jes war 26 Jahre Leiter des Kölner Aquarium am Zoo, an dessen Aufbau und Entwicklung er maßgeblich mitgewirkt hat. Er befaßt sich seit mehr als 40 Jahren mit der Haltung von Amphibien und Reptilien, wobei sein besonderes Interesse der Zucht gilt. Innerhalb seines Aufgabenbereichs war er auch als

Ausbilder und Prüfer zum Beruf des Tierpflegers und Tierpflegermeisters tätig.

Der Zeichner

Johann Brandstetter ist ausgebildeter Restaurator und Maler. Er wechselte, angeregt durch Forschungsreisen mit Biologen in Zentralafrika und Asien, zum Pflanzen- und Tierzeichner. Seit mehreren Jahren illustriert er Bücher für namhafte Naturbuchverlage.

Die Fotografen

Anders: Seite U2, 17 li.u., 37, 41 (kleines Foto), 57 re.o.; Bilder Pur/Arendt/Schweiger: Seite 4/5, 57 li.u.; Bilder Pur/Mc Donald: Seite 8, 12, 16 re.o., 56 li.o.; Bilder Pur/Reinhard: Seite 25; Bilder Pur/Schafer, Hill/Global Pic: Seite 56 li.u.; Bilder Pur/Steinmetz/Naturbild: Seite 33 li.mi.; Bilder Pur/ Wechsler. Seite 17 re.u.; Cramm: Seite 2/3, 13, 20 re.u., 33 re.u., 36, 49, 53, 57 li.mi.; Dossenbach: Seite U1 (kleines Foto), 17 re.o., 20 li.u.; Hoppe: Seite 61; Kahl: Seite 17 re.mi., 21 li.u., re.o., 24, 29, 41 (großes Foto), 45, 48, 52, 56 re.u.; Karbe: Seite 57 re.u.; König: Seite 16 li.o., re.u., 20 li.o., re.o., 21 li.mi., 32 (alle), 33 li.o. re.o., 56 re.mi., 64/ U3.; Nieuwenhuizen: Seite 9, 40, 56 re.o., U4; Reinhard: Seite U1 (gro-ßes Foto), 6/7, 16 li.u., 17 li.o., 20 re.mi., 21 li.o., re.u., 28, 33 li.u., re.mi., 57 li.o.; Schaefer: Seite 44

Wichtige Hinweise

Alle elektrischen Geräte für ein Terrarium müssen geprüft und mit dem TÜV-, GS- oder VDE-Zeichen gekennzeichnet, im Feuchtbereich eingesetzte Lampen spritzwassergeschützt sein. Untergetaucht eingesetzte Geräte müssen dafür speziell geeignet sein. Bei allen Arbeiten in Zusammenhang mit Wasser die Netzstecker der Geräte herausziehen. Ist Ihre Stromversorgung noch nicht mit einem zentralen Fehlerstrom-Schutzschalter (FI-Schalter) abgesichert, empfiehlt sich die Anschaffung eines mobilen FI-Schalters.
Im Umgang mit Terrarien- und Futtertieren ist auf strenge Hygiene zu achten. Nach der Berührung mit Tieren und Pflanzen die Hände gründlich reinigen, ins Gesicht gelangte Spritzer sofort abspülen und Kinder entsprechend aufklären. Bei der Bearbeitung von Steinen Schutzbrille und Arbeitshandschuhe tragen.
Da ihr Giftbiß äußerst schmerzhaft ist und bei Allergikern einen lebensgefährlichen Schock auslösen kann, müssen Vogelspinnen so untergebracht sein, daß kein Unbefugter Zugang hat.
Bei Verletzungen zum Arzt gehen.

An unsere Leserinnen und Leser

Wir freuen uns, Ihre Meinung zu diesem TierRatgeber zu erfahren. Bitte schreiben Sie uns, wenn Sie Berichtigungen und Ergänzungsvorschläge haben oder wenn Ihnen etwas besonders gut gefällt.

Gräfe und Unzer Verlag
Redaktion Natur
Stichwort: TierRatgeber
Postfach 86 03 66
D-81630 München
E-Mail: leserservice@graefe-und-unzer.de

Fotos: Buchumschlag und Innenteil

Umschlagvorderseite: Tokeh (großes Foto) und Riesenlaubfrosch (kleines Foto).
Umschlagrückseite: Streifenbasilisk.
Seite 1: Chinesische Rotbauchunke.
Seite 2/3: Leopardgecko.
Seite 4/5: Bartagame.
Seite 6/7: Axolotl.
Seite 64/65: Leopardgecko.

Dank

Autor und Verlag danken Herrn Rechtsanwalt Reinhard Hahn für die juristische Beratung.

Impressum

Redaktion: Anita Zellner
Lektorat: Barbara Wurzel
Umschlaggestaltung und Layout: Heinz Kraxenberger
Zeichnungen: Johann Brandstätter
Herstellung: Heide Blut/ Susanne Mühldorfer
Satz: Heide Blut
Reproduktion: Fotolito Longo
Druck und Bindung: Stürtz

ISBN 3-7742-3705-0

Auflage 9. 8. 7. 6.
Jahr 2007 06 05 04

EXPERTEN-RAT

1	**Warum fühlen sich Amphibien glitschig an?**	Das Sekret ihrer Hautdrüsen verhindert das Austrocknen und ersetzt so den Schutz einer verhornten Haut.
2	**Lassen sich nachtaktive Tiere nur während der Nacht beobachten?**	Mit Hilfe einer Zeitschaltuhr lassen sich die Aktivitätszeiten so steuern, daß Sie die Tiere auch in den Abendstunden beobachten können.
3	**Wieviel Zeit nimmt die regelmäßige Pflege in Anspruch?**	Bei Amphibien und Reptilien sollten Sie durchschnittlich vier Wochenstunden pro Tier einplanen. Bei Vogelspinnen pro Tier eine halbe Stunde.
4	**Wie groß werden Vogelspinnen?**	Etwa so groß wie ein Eßteller. Die Spannweite einschließlich der Beine mißt bei den größten bisher bekannten Exemplaren mehr als 30 cm.
5	**Sind Vogelspinnenbisse lebensgefährlich?**	Das Gift reicht lediglich zum Töten von kleinen Beutetieren wie Mäusen. Der Biß tut aber sehr weh und birgt für Menschen die Gefahr einer Blutvergiftung.

Der Experte gibt Antwort auf die 10 häufigsten Fragen zur Haltung von Terrarientieren.